JN100869

デザイン、アート、イノベーション

森永泰史 著

経営学から見たデザイン思考、
デザイン・ドリブン・イノベーション、
アート思考、デザイン態度

同文舘出版

はじめに

　経済産業省が2018年に「『デザイン経営』宣言」という報告書を出して以来，デザイン思考やデザイン・ドリブン・イノベーション，アート思考などの言葉が多くの人に知られるようになり，ビジネスにおけるデザインやアートの重要性も広く認識されるようになった。ビジネスの世界で，（特に日本ではバブル経済崩壊以降）長らく関心が薄れていたデザインやアートに再び注目が集まるようになったことは，大変素晴らしいことである。またそれは，「デザインと企業経営」をテーマに20年来研究を続けてきた筆者にとっても，個人的にとても喜ばしい出来事であった。

　しかし，認知度が高まると同時に，首をひねることにも多く遭遇するようになった。デザインやアートの名を冠したビジネス界隈の様々なイベントに参加していると，話していること自体は理解できるし，内容も正しいと思うけれど，どこか釈然としなかったり，消化不良のまま帰途に就いたりすることが多かった。特に，デザインやアートと，イノベーションや新規事業創造などがほぼ同義に扱われるなど，あらゆることをデザインやアートで説明しようとする態度には，かなり違和感を覚えた。

　イノベーションや新規事業創造は昔から行われてきたはずであり，その鍵となる概念や，それを実現するためのロジックもこれまでたくさん研究されてきたはずである。それらとどこが違うのであろうか。もし同じなら，従来のものを使えば良いし，無理やり置き換えたところで，やがてはオリジナルの概念やロジックに吸収されて終わるのではないか。あるいは，様々なイベントで耳（目）にする話には既視感があるものも多いが，本当に新しい概念やロジックでしか説明できない部分はどこなのであろうか。デザインやアートの話を一過性のブームで終わらせないためにも，オリジナリティや

新奇性の所在をきちんと意識する必要があるのではないか。さらには，デザインやアートの名を冠した概念が次々と誕生しているが，それらは一体どのような関係にあるのであろうか。

　これらの疑問が筆者の中で日増しに大きくなっていった。また，「デザインと企業経営」をテーマに研究を行っているためか，「デザイン○○はどう思いますか」とか，「アート○○ってどういうことですか」などと尋ねられることがここ数年多くなった。そのため，改めてデザインやアートと，イノベーションを巡る議論を整理する必要があると感じ，本書の執筆に至った。本書がその一助になれば幸いである。

目　次

第2章　デザイン・ドリブン・イノベーション　057

第3章　アート思考　091

第4章　デザイン態度　121

第5章　全体像の整理　145

終章　結論と残された課題　169

デザイン, アート, イノベーション

―経営学から見たデザイン思考, デザイン・ドリブン・イノベーション, アート思考, デザイン態度―

本書の目的と
問題意識

本書の目的は，文献レビューを通じて，デザイン思考，デザイン・ドリブン・イノベーション，アート思考，デザイン態度の4つの概念の経営学的意義と，概念間の関係性を明らかにすることである。

近年，従来型の論理思考の限界が叫ばれ，それに代わるデザインやアートの名を冠した様々な概念が注目されるようになっている。その背景には，VUCA（Volatility：変動性，Uncertainty：不確実性，Complexity：複雑性，Ambiguity：曖昧性）が増大し，経営環境がきわめて予測困難な状況に直面しているという共通認識がある（電通美術回路編, 2019; 田子・田子, 2019）。つまり，現在は，これまでの延長線上にはない，非連続なビジネスモデルや製品・サービスを創造しなければならない時代であり，従来型の論理思考ではそれが難しいと考えられているのである。そして，それを乗り越えるべく登場してきたのが，先に挙げたデザインやアートの名を冠した様々な概念である。それらの概念は発想の飛躍を可能にし，予測困難な時代にも対処できるとされてきた。特に2010年代以降，実務においてそれらはブームとなり，コンサルティングをはじめ，講演会，ワークショップなどが続々と開催されている。しかし，経営学者の立場から眺めた場合，そこには大きく2つの問題点がある。

1つ目の問題点は，発散志向なことである。その種の概念は次々と生まれ発散されるが，いっこうに収斂しようとしない（まさに後述するように，発散性の強いデザイナーの志向と一致する）。例えば，「デザイン思考は改善活動のみならず，革新的な製品・サービスの開発にも役に立つ」，「いや役に立たないから，デザイン・ドリブン・イノベーション（または意味のイノベーション）が必要だ」，「いや，アート思考の方がもっと大事だ」，あるいは，「本当に大事

なのは，デザイン態度である」などと，それまでの概念の総括が終わらないうちに次の概念が生まれ，百花繚乱の状態にある。

　そして，もう1つの問題点は，各概念のオリジナリティや相互の関連性に関する議論の欠如である。概念の提唱者やフォロワーたちによる近隣の研究領域へのレビューはほとんど行われておらず，オリジナリティの有無などを明らかにするための取り組みはあまり見られない。中でも問題なのは，そうした概念の多くがイノベーションに対する貢献や有用性を謳いながらも，既存のイノベーション研究との関係性を明らかにしていないことである。それらの内容は，時には既存のイノベーション研究とオーバーラップしているように見え，時には対立しているように見える。さらに，同種の概念間で優劣をつけることに心血が注がれ，それぞれの概念が機能する条件や守備範囲の違いなどにあまり注意が向けられていない点も問題である。

　そこで，本書では，経営学（特にイノベーション研究）の視点から，デザイン思考，デザイン・ドリブン・イノベーション，アート思考，デザイン態度の4つの概念が持つ意義を明らかにするとともに，概念間の関係性も明らかにしてみたい。それらの概念はいずれも名称自体は新しいものの，語られる内容には既視感のあるものも多い。それらは既存の経営学の議論や概念とどのような関係にあるのであろうか。また，経営学から見て，それらのどこにオリジナリティや新奇性を見出すことができるのであろうか。さらには，一見類似のそれらの概念間には，どのような関係性が見られるのであろうか。本書では，これらの問いに答えてみたい。

　以下では，先に挙げた4つの概念を出現（あるいは普及）した順に考察していく。まず，第1章で取り上げるのは，ポスト論理思考

として最初に登場したデザイン思考である。この概念は，米国のデザイン・ファームの IDEO が主導する形で 2000 年代初頭に登場してきた[1]。続いて，第 2 章で取り上げるのは，ポスト・デザイン思考の一番手として登場したデザイン・ドリブン・イノベーションである。この概念は，主に欧州の学者たちが主導する形で 2000 年代後半に登場してきた。そして，第 3 章で取り上げるのは，アート思考である。この概念は，主に欧州の学者たちと実務家が主導する形で 2010 年代後半に登場してきた。最後に，第 4 章で取り上げるのは，デザイン態度である。この概念は，2000 年代初頭に 1 度登場し，2010 年代中盤以降になって改めて脚光を浴びるようになった。米国で生まれ，欧州で育った概念である。本書では，この順番で考察を進め，第 5 章においてそれらの全体像を整理してみたい。

---

1 デザイン思考（design thinking）という言葉自体は，デザイン科学やデザイン方法論などの領域でも古くから使用されてきた（Rowe, 1987; Buchanan, 1992）。そのため，聞き手によってイメージするものが異なり，混同されやすい概念であるが，ここでは 2000 年代以降に登場してきた IDEO やスタンフォード大学の d.school が提唱するものに焦点を当てている。なお，デザイン思考研究の系譜については**補論①**を参照のこと。

第 1 章

デザイン思考

Ⅰ. はじめに

　本章では，ポスト論理思考の一番手として登場してきたデザイン思考に注目してみたい[1]。ここでいうデザイン思考とは，優秀なデザイナーが行う仕事のやり方のことであり，彼らが用いる問題解決の主義，アプローチ，手法，ツールなどのことを指す（Brown, 2019）。

　そして，それは，共感／理解，定義／明確化，アイデア造り，プロトタイプ，テストの5段階からなるプロセスとして定式化されることが多い（図表1-1参照）。最初の共感／理解の段階では，選ばれたユーザーの日常の観察を行うことから生活に関する共感を得る。続く定義／明確化の段階では，先の観察で得られた情報を要約し，問題解決のための視座を形成する。そして，アイデア造りの段階では，形成された視座に基づき，多様なアイデアを創出する。さ

図表 1-1　デザイン思考の5段階

出所：スタンフォード大学 d.school のホームページより翻訳して引用。

1 デザイン思考に対する批判として，既存のデザイン思考研究とのデカップリングを指摘する声は多い（Tonkinwise, 2011）。しかし，問題はそれだけではない。デザイン思考は経営学ともデカップリングしており（Verganti, Dell'Era and Swan, 2019），本章はこの後者の問題を解消しようとする取り組みの一環でもある。

らに，プロトタイプの段階では，アイデアを様々な形式のプロトタイプに作り替えていく。最後にテストの段階では，制作されたプロトタイプの実験や評価を行う。このようなプロセスを何度も繰り返しながら，答えを導き出していく。

さらに，Verganti, Dell'Era and Swan（2019）によると，デザイン思考とは創造的な問題解決のことであり，次の 3 つの特徴を持つとされている。1 つ目は，人間中心の視点に立つこと（ユーザーがどのように理解しているのかを理解するところから始めること）。2 つ目は，イノベーションをドライブするための創造性の梃子となること。3 つ目は，利害関係者に対する学習や意思疎通を促すためにプロトタイピングを活用することである。

このように，デザイン思考とは，人間中心の視点に立ち（あるいは，様々な観察的手法を駆使してユーザーを理解し），プロトタイプを使って試行錯誤を行う，創造的な問題解決であるとされている。しかし，そのような取り組みは，既存の経営学の議論や概念とどのように関係しているのであろうか。あるいは，それのどこにオリジナリティや新奇性を見出すことができるのであろうか。また，デザイン思考には様々な批判もあるが，それらは経営学の立場から見て妥当な批判なのであろうか。

以下では，「人間中心の視点」と「プロトタイプを使った試行錯誤型の問題解決」という 2 つの特徴に焦点を当て，それらの問いに答えてみたい。

Ⅱ. 人間中心の視点について

1. 既存のイノベーション研究との関係

　前述したように，デザイン思考の特徴の1つは，ユーザーをイノベーション活動の起点にすることである。そして，そのような特徴だけを見れば，それは経営学におけるユーザーイノベーションと類似している（von Hippel, 2005）。ユーザーイノベーションもその名の通り，ユーザーを起点とするイノベーション活動だからである。しかし，両者の間には，ユーザーの捉え方や活用目的などに違いがある。

　まず，ユーザーイノベーションでは，ユーザーの中には少ないながらもアイデアの保有者が存在していることが前提となっている。そのため，わざわざ企業がユーザーのニーズを拾い上げてアイデアを考え出さなくとも，ユーザーに直接アイデアを尋ねればよいと考えている。ただし，闇雲にユーザーにアプローチしても効率が悪いため，先行研究では次の2つの方法が推奨されている[2]。1つは，ピラミッディングと呼ばれる手法で優れたアイデアを持つユーザーを探し出し，そのアイデアを社内に取り込むリードユーザー法であり（von Hippel, Thomke and Sonnack, 1999），もう1つは，特定のコミュニティや不特定多数のユーザーから，直接アイデアを募るユーザー起動法ないしはクラウドソーシングである（小川, 2006・2010）。

　それに対して，デザイン思考では，アイデアの源泉はユーザーの頭の中の無意識領域にあると考えている。つまり，ユーザー自身は

---

2 これらの方法の詳細については，補論⑩
　を参照のこと。

明確な答えを有しておらず，ヒントのみ有しているという前提に立っているのである（Brown, 2019）。そのため，企業が主体的にそのようなユーザーを観察して，ヒントや答えを導き出す必要がある。このように，ユーザーイノベーションとデザイン思考では，ユーザーを起点とする点では共通するものの，ユーザーの捉え方や活用目的が大きく異なっている。

　ただし，そのようなユーザーを起点とするイノベーションは，ユーザーイノベーションだけではない。経営学でマーケット・プルやディマンド・プルなどと呼ばれるタイプのイノベーションもそれに該当する。一般にイノベーションの出発点というと，新技術の登場が想起される場合が多いが，そのようなテクノロジー・プッシュ型のイノベーションは，実際はそれほど多くない。ある調査によると，新しい技術が出発点となったものは，イノベーション全体の2〜3割程度に過ぎず，残りの7〜8割はユーザーのニーズが出発点になったと言われている（永田, 2015）。つまり，誰かのニーズに気づいた企業が課題の解決に着手し，その結果としてイノベーションが生まれる場合が多いのである。

　デザイン思考とこれらのイノベーションは，ユーザーのニーズを起点とする点では共通している。その一方で，取り扱うニーズの内容や注力する方法論などに違いがある。

　デザイン思考では，前述のように，アイデアの源泉はユーザーの頭の中の無意識領域にあると考えているため，ユーザーから直接答えを聞き出すことはない。取り扱うのはあくまで，潜在的なニーズだけである。そのため，ユーザーの行動をつぶさに観察するなどして，彼ら自身も言語化できていないニーズを浮かび上がらせようと努力する。それに対して，マーケット・プル型やディマンド・プル

型のイノベーションでは，そのような潜在的なニーズに加え顕在的なニーズも起点とされる。つまり，ユーザーが自覚し，言語化することができるニーズも同時に拾い上げようと努力するのである。そのため，観察だけでなく，アンケートやインタビューなどの方法論も併用される場合が多い。ただし，そこでは，観察の個別・具体的な方法についてはほとんど触れられてこなかった。それらに関しては専ら実務家の課題とされ，研究の範囲外とされてきたのである。

　一方で，デザイン思考では，カスタマージャーニーマップ（ユーザーの購買前後の行動を旅と捉え，それらを時系列で把握する方法）をはじめ，ペルソナ／シナリオ法（架空のユーザー像を作り出し，その人物の物語を作ることで理想的な体験やサービスを明らかにする方法），コンテクスチュアル・デザイン（ユーザーが依拠する文脈に注目し，それに応じた問題の解決策を提供するための方法）など，様々な観察的手法が提示されてきた（森永, 2015）。

　このように，取り扱うニーズの内容に注目すれば，デザイン思考はマーケット・プル型やディマンド・プル型のイノベーションに内包される関係にあるが，潜在的なニーズを掘り起こすための方法論に関しては，デザイン思考の方が具体性や多様性に富んでいるといえる。

2. 観察で得られる情報の扱い

　前述したように，デザイン思考とはユーザーの潜在的なニーズを知るために，観察を通じて情報を集めるアプローチのことである。そして，その観察で得られる情報については，「ビジネス版ジョハリの窓」のような形で整理されてきた（**図表 1-2** 参照）。

　ジョハリの窓（Johari Window）はもともと，「対人意識のグラフィックモデル（a graphic model of interpersonal awareness）」として，心理学者のJoseph LuftとHarry Inghamによって1955年に考案されたものである（松波, 2014）。このオリジナル版のジョハリの窓は，自身の視点（自分では気づいている・気づいていない）と他者の視点（他者から見えている・見えていない）の2軸を用いて自分の姿を4つに分類し，それらを可視化することで，対人関係の円滑化や自己理解の促進を図ろうとするものである。それに対し，ビジネス版ジョハリの窓では，自身の視点をユーザーに，他者の視点を企業にそれぞれ置き換え，観察を行う際には，どちらもまだ認識していない「未知の窓」を見つけることが重要とされてきた。

　一方，経営学にも，観察によって得られる情報に関する研究がいくつか存在する。例えば，Leonard-Barton and Rayport（1997）は，製品とユーザーの接点で生まれる経験が価値を生み，その価値の大きさは経験の質によって決まるとして，消費者が求める経験を探り出す方法を提案している。それが，観察法による調査である。さらに，観察によって得られる情報には，使用のきっかけ，ユーザーの環境との相互作用，ユーザーのカスタマイゼーション，製品

図表 1-2　ビジネス版ジョハリの窓

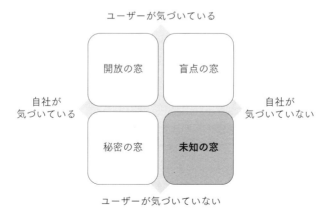

出所：松波（2014），59頁より引用。

の無形の属性，ユーザーの曖昧なニーズの5種類があるとしている。ただし，そのうちのどの情報からユーザーが求める経験を探索できるかについては議論がなされていない。

　それに対して，西川（2007）は，ユーザーの行為と企業側の意図に注目して，観察によって得られる情報を4つに分類し，そのうちのどの情報からユーザーが求める質の高い経験を探索すべきかについて議論を行っている。

　まず，彼は，ユーザーの行為が「意識的か・無意識か」，製品の使用価値が「企業の意図したものか・意図しなかったものか」という2つの軸を用いて，観察から得られる情報を顕在的ユーザビリティ・ニーズ，顕在的コンセプト・ニーズ，潜在的ユーザビリティ・ニーズ，潜在的コンセプト・ニーズの4つに分類している（**図表1-3**参照）。そして，そのうちの潜在的ユーザビリティ・ニーズと潜在的コンセプト・ニーズの2つが，質の高い経験の探索に役立つと述べている。

　具体的に，1つ目の顕在的ユーザビリティ・ニーズとは，例えば，ユーザーが自ら製品の持ち手部分にテープを巻いていたなど，企業が意図した使い方ではあるものの，ユーザーが意識的に変更を加えていたなどの改善に関するニーズである。

　2つ目の顕在的コンセプト・ニーズとは，例えば，企業としては踏み台として開発したものが，ユーザーによって飾り棚として使われていたなど，企業が意図していない使用方法を，ユーザーが意識して行っていたなどの新しいコンセプトに関するニーズである。

　3つ目の潜在的ユーザビリティ・ニーズとは，例えば，片手で使

図表 1-3　観察によって得られる情報の類型化

		企業側の意図	
		有	無
ユーザーの行為	意識	顕在的ユーザビリティ・ニーズ	顕在的コンセプト・ニーズ
	無意識	潜在的ユーザビリティ・ニーズ	潜在的コンセプト・ニーズ

出所：西川（2007），22頁より一部を修正して引用。

えるように開発したつもりの器具を，ユーザーが両手で使っていたなど，企業が意図した使い方ではあるものの，ユーザーが無意識のうちに変更を加えていたなどの改善に関するニーズである。

4つ目の潜在的コンセプト・ニーズとは，例えば，複数枚重なったCDケースが結果的にブックエンド代わりに使われていたなど，ユーザーが無意識のうちに，企業が意図していない方法で使っていたなどの新しいコンセプトに関するニーズである。

以上のように，経営学においても，観察によって得られる情報に関する研究は蓄積されており，その内容もデザイン思考のそれとほとんど変わらない。双方ともに，ユーザーの視点と企業の視点の2軸を用いて観察で得られる情報を4分類している。ただ，少し異なる部分があるとすれば，デザイン思考では，企業もユーザーも気づいていない未知の窓のみを見つけることに重きが置かれているのに対して，経営学では，そのような誰も気づいていないニーズ（潜在的コンセプト・ニーズ）に加え，ユーザーが無意識のうちに企業の意図とは異なる使い方をしているなどの改善に関するニーズ（潜在的ユーザビリティ・ニーズ）にも重きが置かれている点である。

3. 人間中心の視点に対する批判

最後に，ここでは人間中心の視点に対する様々な批判のうち，代表的なものを3つ取り上げて，考察を加えてみたい。

1つ目の批判は，ユーザー起点では，顕在的なニーズしか拾うことができず，漸進的なイノベーション（または改善）しか起こせないというものである（Norman and Verganti, 2014）。しかし，この種の批判は，これまでも述べてきたように，観察によって得られる

情報には潜在的なニーズが含まれるという点を軽視している。もし，企業もユーザーも気づいていないニーズを見つけ出すことができれば，既存の枠組みにとらわれない斬新な発想の製品開発が可能になる（補論②参照）。その意味で，急進的なイノベーションは起こせないという批判は成立しない。このように，この種の批判の根底には，観察によって得られる情報に対する認識（それが潜在的ニーズなのか顕在的ニーズなのか）のズレがあると考えられる。

2つ目の批判は，ユーザー起点では，そこから生み出されるアイデアもコモディティ化（凡庸化）するというものである。各務（2018）は，留学先のハーバード大学でのデザイン思考の扱われ方を援用する形で，次のように述べている[3]。

> 「デザイン思考においては，最初の課題発見のステップにおいて『（自分でない）他者』にそのヒントを見出そうとしている。カスタマーを客観的に観察することによって，インサイトや潜在的なニーズの発見を目指している。ところが，課題が他者起点であるとすれば，自分ではない他の誰かも，鋭い観察眼さえあればその課題を見つけてしまうかもしれず，アイデアの参入障壁が低くなってしまうのではないか」（77頁）

こちらの批判は先ほどのものとは異なり，潜在的なニーズに対する誤解はない。問題視しているのは，たとえ潜在的なニーズを発見したとしても，競争優位は築けないというところである。しかし，この批判にも2つの見落としがある。

1つは，セレンディピティ（serendipity）という視点の欠如である。この言葉は，文筆家のHorace Walpoleによる造語で，偶然は

---

[3] その他，webメディアの記事でも，「デザイン思考はユーザーの課題を解決するためには必要だが，他社と横並びのような発想しか生まれず，ソリューションの差異化が難しい」とする同様の指摘が見られた（中村，2019）。

心構えのある者のところにしかやって来ないという意味である（澤泉, 2002）。同様にイノベーションのヒントも，特定の問題意識を持つ者の目にしか映らないとされている。それでは，別々の観察者が同時に，同じような問題意識を持つことなどあり得るのであろうか。この点につき，起業家を対象にした研究からは，問題意識の形成には，それまで受けた教育や仕事経験から得られた事前知識（prior knowledge）が強く影響するため，バラつきが生じやすいことが分かっている（Shane, 2000）。つまり，観察者が異なれば，同じ現象を見たところで同じ課題を見つけられるとは限らないのである。

　そして，もう 1 つは，観察以前に「観察対象の選定」という工程があることを考慮に入れていないことである。実践では，ワークショップなどで行われるように参加者全員が同じユーザーを対象に観察を行うことはない。企業やプロジェクトごとに別々の観察対象者が選定される[4]。さらに，この選定工程の存在がデザイン思考を難しくしていると言われるほど，デリケートな部分でもある（寺田・杉山・西山, 2013）。観察対象の選び方如何で，導き出される答えも変わってくるからである。そういった意味でも，ユーザーを起点にすればアイデアがコモディティ化するとは考えにくい。

　3 つ目の批判は，ユーザー起点では，自身の頭の中や業界にはびこる常識やバイアスを壊すことができないというものである。濱口（2016）は，デザイン思考は改善向けであり，急進的なイノベーションに有効なのはデザイン思考のプロセスを逆回転させることだとしている（**図表 1-4** 参照）。つまり，ユーザーを起点にするのではなく，まずは自身の頭の中や業界にはびこる常識やバイアスを壊すこと（古いフレームワークを壊して，新しいものを作ること）の

---

4 一例を挙げると，無印良品を展開する良品計画では観察対象として，正規分布の真ん中にいるような平凡なユーザーが選ばれるのに対して，前出の IDEO では正規分布の両端にいるような，極端な振る舞いをするエクストリームユーザー（extreme user）が選ばれるとされている（増田, 2018）。

方が先決だと指摘しているのである。

　この批判も1つ目の批判と同様に，デザイン思考では漸進的なイノベーション（または改善）しか起こせないというものであるが，問題視している部分が異なる。問題は，ユーザーを観察してニーズを拾い上げること自体にあるのではなく，ユーザーを見る目（あるいは，観察者の認識）の部分にあるというのである。いくらユーザーを注意深く観察したところで，バイアスのかかった目では革新的なアイデアに気づくはずはないのだから，そこから始まるイノベーションも改善レベルに留まるという批判である。しかし，この批判にも2つの問題点がある。

　1つは，観察的手法に対する誤解である。観察的手法とは，アイデアを見つけるだけでなく，観察者が自身のバイアスに気づくための方法でもある（水越，2012）。つまり，観察を通じて「何かに気づいてしまった自分に気づく」という内省的なプロセスを繰り返すことで，自身を支配するバイアスに気づき，そのバイアスを壊すことで新しいアイデアを見つけ出そうとする方法論なのである。

　そして，もう1つは，プロセスの反復や柔軟性の見落としである。実際のデザイン思考は，ワークショップで行われるような一回限りや一方通行で終わるリニアな性格のものではない。プロセスを何度も行き来するような柔軟性の高いものである（宮澤，2014）。したがって，時にはプロセスが逆向きに進むこともあり，定式化さ

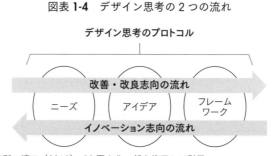

図表1-4　デザイン思考の2つの流れ

デザイン思考のプロトコル

改善・改良志向の流れ

ニーズ　　アイデア　　フレームワーク

イノベーション志向の流れ

出所：濱口（2016），32頁より一部を修正して引用。

れている作業の順番（共感／理解→定義／明確化→アイデア造り→
プロトタイプ→テスト）はそれほど問題にはならない。

　以上のように，デザイン思考の人間中心の視点には，多方面から
様々な批判が寄せられているが，それらはあまり的を射ているとは
言い難い。しかし，だからといって全く無視してよいというわけで
はない。一見すると，それなりに確からしいものも含まれているか
らである。そのため，それらはデザイン思考を否定するものとして
ではなく，デザイン思考を実行する際に注意すべき点として捉え直
した方がよいかもしれない。

Ⅲ. プロトタイプを使った試行錯誤型の問題解決について

　続いて，デザイン思考の特徴の 2 つ目である「プロトタイプを
使った試行錯誤型の問題解決」を取り上げてみたい。この特徴が示
すように，デザイン思考は問題解決の一種であるが，次の 3 つの特
筆すべき点があると言われている（Brown, 2019）。1 つ目は，問題
発見と問題解決が同時に実現されること。2 つ目は，プロトタイプ
を使って問題解決を前進させること。そして，3 つ目は，スピード
とアイデアの量で勝負することである。

1. 問題発見と問題解決の同時実現

　前述したように，デザイン思考は，共感や観察からそのプロセス
をスタートさせる。この点から見ても，ユーザーが無意識に抱える
問題（潜在的なニーズ）を見つけるところから作業が始まっている

と考えられ，顕在化している問題の解決活動を行っているわけではない。ユーザーが言語化できるような顕在化した問題であれば，アンケートなりインタビューなりで直接問題を聞き出せばいいからである。つまり，外生的に問題が与えられるわけではなく，自ら問題を作成しなければならないのである。

また，そこで作成される問題は，当初は定義が困難で，最低限の満足解を目指すしかないタイプのものも多いとされている（Brown, 2019）。そのため，それらは厄介な問題（wicked problems）と呼ばれている[5]。それは独特・曖昧で，決定的な解決策がない問題であり，1つの課題を解決すると別の課題が生じるような流動性の高いものである。そのため，初期には問題を定義することができず，ぼんやりした目標しか持つことができない。

これと同種の議論は，経営学のイノベーション研究においても見られる。新製品の開発プロセスにおいて，アイデア創出段階からコンセプト開発段階までは通常，ファジー・フロント・エンド（fuzzy front end）と呼ばれ，曖昧で不確実性が高いとされているが，革新的なプロジェクトに取り組もうとするほど，その程度は高くなる。そのため，プロジェクトの目標を事前に定義することができず，何を開発するか明確に定義できない状況が長く続くとされている（Lester and Piore, 2004）。それゆえ，開発者たちは試行錯誤を通じて，問題の理解に努めるのである。

さらに，前述した厄介な問題の解決は，問題発見と別々に（あるいは，事後的に）起こるのではなく，問題が定義されると同時に，解決策も見つけ出されることが多いとされている（Brown, 2019）。その種の問題はすぐには定義することができないため，問題が明らかになってから解決作業に入るという逐次的なアプローチをとるこ

5 この厄介な問題の詳細については，**補論**
①を参照のこと。

とはできない。そのため，問題が明らかでない段階から，分かっている情報を基に部分的に解決作業を進め，それによって少しずつ問題自体も明らかにしていく。このような作業を繰り返しながら，解決策とともに問題の全体像も明らかにしていくのである。

そして，このようなアプローチは，経営学においてニーズ・ソリューション・ペアズ（need-solution pairs）と呼ばれる枠組みと似ている。こちらもユーザーが抱える問題（ニーズ）の発見と，その解決（ソリューション）を同時に捉えようとするものであり，ニーズとソリューションそれぞれに関する情報の束がイノベーション活動を通じて徐々に形成され，双方の束を行き来するうちに特定の組み合わせ（ペア）が見出されることを構造的に示したものである（von Hippel and von Krogh, 2016）。

2. プロトタイプを使った問題解決の前進

前述したように，デザイン思考では，問題解決にプロトタイプを活用するところに特徴がある。そこでは，開発プロセスの初期段階から様々なプロトタイプを作成し，ユーザーによる実際の使用場面を観察しながら，改良を重ねていく（Brown, 2019）。なぜなら，そのようなやり取りを通じてしか，厄介な問題を理解することができない（あるいは，ユーザーの潜在意識を垣間見ることができない）からである。

厄介な問題はすぐには定義することができないため，開発の初期段階では，大まかな目標しか掲げることができない。しかし，デザイン思考はそれに怯むことなく，まずは不完全でもいいのでアウトプットを生み出し，それを起点に対話・内省を促そうとする。この

アウトプットこそがプロトタイプであり，具体的にはスケッチをはじめ，紙や粘土で作ったモックアップなどの試作品が該当する。そして，それらの表現行為を繰り返すことを通じて，解決可能な問題を見出し，同時に解決案も見出していく[6]。

それに対して，一般的な製品開発では，最終案を評価してもらうために開発プロセスの終盤になってからプロトタイプを作成する場合が多い（奥出, 2007）。そのため，デザイン思考のように，アイデアからダイレクトにプロトタイプを作ることはめったにない。特に，大量の情報を収集して多くのユーザーを相手にビジネスを行う大企業では，どうしてもアイデアやコンセプトをプロトタイプにする前に市場調査を行い，そこからさらに検討を重ねて，それをスペックに落とし込もうとする（澤田, 2015）。つまり，多義性や曖昧さをなくして効率よく物事を進めようとするため，どうしてもスペック主導型の製品開発に陥りやすいのである。その意味では，多義性や曖昧さを受け入れるデザイン思考はそれとは正反対の手法であり，「脱」スペック主導型の製品開発と呼ぶことができそうである。

一方で，そのようにプロトタイプを用いて考えることの有用性は，経営学でも様々な形で議論されてきた。例えば，Henderson (1991) は，スケッチやドローイング，その他の表現物など，異なる知識の背景を持つ者同士を結びつける人工物のことをバウンダリー・オブジェクト（boundary object）と呼び，デザイナーのみならず，研究者などもそれを活用してきたことを明らかにしている。また，竹田（2000）は，3D-CAD のデータがチーム内での相互理解や学習を促す仲介物として機能することを明らかにしている。さらに，最近では，起業家研究においてイノベーションを実現するた

---

6 このような認知と表現の相互作用のことを，Schön (1983) はリフレクティブ・カンバセーション（reflective conversation）と呼んでいる。また，人々の思考を前進させるために何かを作る行為は，ビルド・トゥ・シンク（build to think）とも呼ばれ，Papert and Harel (1991) は，構築主義（constructionism）としてそれをモデル化している。

めの実験行動（experimenting）の重要性が説かれており，そのうちの 1 つがプロトタイプを使ったアイデアの検証である（Dyer, Gregersen and Christensen, 2011）。したがって，プロトタイプを使って考えるという行為は，多様な場面で用いられるだけでなく，研究者や起業家などにも見られ，デザイナーだけの専売特許ではないことが窺える。

3. スピードとアイデアの量で勝負する

前述したように，デザイン思考は問題解決の一種であるが，その回転の速さと創出されるアイデアの量の多さに特徴がある。

まず，デザイン思考では，反復（iteration）がキーワードとされるほど，問題解決のサイクルが高速で回される（Brown, 2019）。なぜなら，そこで扱われるものの多くが厄介な問題であり，問題解決サイクルを 1 度や 2 度回すだけでは，問題の全体像（および満足のいくソリューション）を明らかにすることができないからである。プロトタイプの作製とテストを素早く何度も繰り返すことで問題の全体像を段階的に明らかにしていくと同時に，ソリューションの精度も上げていく必要がある[7]。

また，デザイン思考では，発散性（divergence）がキーワードとされるほど，多くのアイデアが創出される（Brown, 2019）。通常，デザイナーは図表 1-5 のように，発散と収束を繰り返しながら問題解決のプロセスを進めていくと考えられている。最初の探索段階では，問題の理解を促進するために，大量のアイデアを生み出して多角的な視点から物事を捉えようとする。続く定義段階では，それらのアイデアを絞り込んで，改めて取り扱う問題を焦点化する。そし

---

7 例えば，James Dyson は，最初に販売したサイクロン式の掃除機のプロトタイプを 5,000 個以上（正確には 5,126 個）作ったと言われている（『WIRED』）。

て，開発段階では，その絞り込んだ問題を起点にして，ソリューションの幅を広げていく。最後の提供段階では，膨れ上がったソリューションを再び絞り込もうとする（なお，そのような姿が菱形を2つ並べたように見えるため，ダブルダイヤモンドモデルと呼ばれている）。

　デザイン思考でも同様に，発散と収束を繰り返しながら問題解決プロセスを前進させていくが，特に発散の場面において，いかに大量のアイデアを生み出せるかが重要になる。なぜなら，それは論理思考のように論理的に漏れがないように問題を構造化していくスタイルではなく，散弾銃のように打ち出す弾の範囲を広げて偶然のヒットを待つというスタイルに近いからである。問題の定義を観察者の直感に依存して（悪く言えば，パパッと雑に）行う分，それに先立つアイデアの量の確保が重要になる。

　そもそも，デザイン思考では厄介な問題を取り扱うことが多いため，問題の定義が曖昧なままソリューションを立案せざるを得ない上に，観察者の直感が間違っている可能性もあるという脆弱性を内包している（牧田，2019）。しかし，同時に，その脆弱性を問題解決サイクルの高速回転とアイデアの大量出力によって克服しようともしている。つまり，高速回転させることで，問題の解像度やソリューションの精度を高め，アイデアの大量出力によって，観察者の直感が外れる確率を低く抑えようとしているのである。これは逆

図表1-5　ダブルダイヤモンドモデル

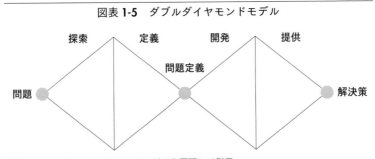

出所：Design Council のホームページより翻訳して引用。

にいうと，スピード感に欠け，大量のアイデアを出力できない場合
は，脆弱性が克服されず，デザイン思考が上手く機能しない可能性
が高いということでもある。

　そして，これと似たような議論は，経営学のマーケティング研究
の領域においても見られる。例えば，小川（1997）は，ユーザーと
の対話形式の1つとして，「実際の市場を通じた対話」を挙げてい
る。これは，頻繁に新製品を市場投入し，それに対するユーザーの
反応を見ながら製品に改良を加えていくやり方のことである[8]。こ
のようなやり方は，生産財よりも消費財に対して有効とされている
が，そこでも，開発のスピード（いかに速く製品開発プロセスを回
し，どれだけ頻繁に新製品を投入できるか）と，アイデアのバリ
エーション（いかに多くの新製品のアイデアを生み出すことができ
るか）が重要になるとされている。デザイン思考がプロトタイプを
用い，こちらは実際の製品を用いている点で違いはあるものの，ス
ピードと量で正解に近づけていくという発想自体には共通点があ
る。

4. 問題解決スタイルに対する批判

　最後に，ここでは，デザイン思考の問題解決スタイルに対する代
表的な批判を2つ取り上げ，考察を加えてみたい。

　1つ目の批判は，デザイン思考とは結局のところ，PDCAサイク
ルを回しているに過ぎないというものである（各務, 2018）。ここ
でいうPDCAサイクルとは，計画，実行，評価，改善（Plan-Do-

---

8 これは，近年，ソフトウエア製品やサービスの開発などでよく見かける「完璧に仕上げてから市場に投入するのではなく，未完成な状態（ベータ版のような状態）でもいいので早く世の中に出し，その後，ブラッシュアップを迅速に続けていく」やり方とほとんど同じである。ただし，ブラッシュアップといっても単なる改善に留まるわけではなく，インスタグラムやウーバーのように，ブラッシュアップを続けた結果，製品やサービスが当初とは全くの別物になるケースも多い（佐々木, 2020）。

Check-Action）の4つのステップからなるサイクルのことで，いわゆる物事を改善していくためのプロセスのことである。つまり，デザイン思考は単なるこの繰り返しで，ユーザーの求めるものを聞いてPDCAを回すルーチンワークに過ぎないという批判である。そこでは，デザイン思考のプロセスのうち，共感／理解からアイデア造りまでがPlanに，プロトタイプからテストの実施までがDoに，テストの評価がCheckに，再び共感／理解へ戻ることがActionに，それぞれ該当するとされている。

　確かに，本章Ⅲ.3でも見たように，デザイン思考は，問題解決のサイクルを高速で回しながら徐々に正解に近づこうとするアプローチであるため，一見すると，この批判は妥当であるかのように見える。しかし，そのような批判は，問題定義の部分を軽視し過ぎている。前述したように，デザイン思考が取り組むのは，すぐには定義することができない厄介な問題である。そのため，当初は目標がぼんやりしているだけでなく，時間とともに目標自体が変化していく流動的なものである。それに対して，PDCAは，KPI（重要業績評価指標）などの明確な目標があることを前提とした問題解決手法である。つまり，当初から確固とした目標があり，その軸線上の到達レベルを高めるためだけに知恵を絞ろうとする取り組みである。

　また，その種の批判が問題定義の部分を軽視していることは，「ユーザーの求めるものを聞いて〜」という表現からも窺える。そのような表現には，デザイン思考が解くべき問題を外生的に与えられ，問題解決のみを行っているというニュアンスが含まれている。そして，その結果，デザイン思考は「いかにして問題を解くか」というhowに焦点を当てた取り組みであるとの誤解が生じる[9]。しかし，これまでも見てきたように，デザイン思考のプロセスが共感／

---

9 このような誤解は，デザイン思考のワークショップなどから生まれたのかもしれない。そこでは時間の都合上，問題が定義された状態から作業が始まる場合が多いからである。

理解から始まっている（あるいは，観察法を採用している）点から考えても，ユーザーが抱える無意識の問題を見つけようとしているはずであり，顕在化した問題の解決活動のみを行っているわけではない。加えて，そこで取り組まれるのは，多くの場合，すぐに定義することができない「厄介な問題」であることから，問題発見も同時に行われているはずであり，問題解決のみを行っているという批判は的外れである。

　そして，2 つ目の批判は，デザイン思考は未知のものを生み出す「0 → 1」型のイノベーションには向いていないというものである（各務, 2018）。確かに，ユーザーの観察を起点とするデザイン思考では，ユーザー自体が存在しない未知の製品やサービスを考えることは難しい（神谷, 2017; 若宮, 2019）。また，ユーザーが抱えている問題の解決に主眼を置くため，どうしても有用性や実現可能性に引っ張られやすく，突飛な発想をすることも難しい（寺田・杉山・西山, 2013）。そのため，上記のような批判は正しいといえる。ただし，そこには一部混乱も見られる。それは，「0 → 1」でないものは，すべて改善とする考え方である。デザイン思考はそのような考え方のせいで，改善型の問題解決手法であると批判されてきた。

　しかし，「0 → 1」のみが革新的（急進的）で，「0 → 1」ではないものがすべて改善（漸進的）であるという考え方には違和感がある。「0 → 1」を革新的と呼ぶこと自体に異論はないが，経営学的には，「1 → 100」も立派に革新的なイノベーションだからである。例えば，Tushman and Anderson (1986) は，セメント産業では技術革新により 3 度の急激な生産性の向上があったとしているが，彼らはそのような変化をもたらした技術革新をすべて急進的なイノベーションに分類している。1 度目の技術革新は，セメント精製作業の

初めての機械化であり，確かに「0 → 1」型のイノベーションに該当するが，2度目以降はいずれも，その大型化やコンピュータ化であり，「1 → 100」型のイノベーションである。

Ⅳ. デザイン思考の機能不全を指摘する声

以上では，デザイン思考が持つ2つの特徴と，それらに対する批判について取り上げてきた。しかし，それらの批判とは別に，実践の場におけるデザイン思考の機能不全を指摘する声も多い。そのため，ここでは，それらの声を内容ごとに大きく3つに分類した上で，それぞれに考察を加えてみたい。1つ目は，デザイン思考が優れたデザイナーの仕事のやり方を再現できていないとして，それ自体を否定するもの。2つ目は，デザイン思考自体を否定するのではなく，その運営方法の難しさを指摘するもの。そして，3つ目は，デザイン思考を活用する側の体制の不備を指摘するものである。

1. デザイナーの仕事のやり方を再現できていない

デザイン思考が上手く機能しないのは，そもそもそれが優れたデザイナーの仕事のやり方を完全には再現できていないからだという指摘である。つまり，デザイン思考が削ぎ落とした部分にこそ大事なものがあり，それを欠いた形式をなぞったところで大した成果は得られないという批判である。具体的に，デザイン思考が捨てたとされるのは，デザイナーが持つ審美性の高さと，技術やスキルの高さの2つである。

　まず，前者の審美性の高さに注目すると，そこにはさらに狭義のものと広義のものがあることが窺える。狭義のものとは，アウトプットの美を追究しようとする個人の美意識の高さや美しさに対する高い感性などのことであり（Crilly, Moultrie and Clarkson, 2004），広義のものとは，人々の美意識や嗜好の背後にある社会的な文脈や文化に対する感度の高さのことである（Tonkinwise, 2011）。そのうち，狭義の審美性については，デザイン思考の提唱者であるBrown（2019）も，デザイン思考の実行には従来の審美主義（aestheticism）に代えてユーザー中心主義が必要になる旨を述べており，完全に切り捨てたとまでは言えないものの，軽視していることが窺える。その一方で，広義の審美性に対する言及は見られないが，デザイン思考で用いられる観察的手法の性格に鑑みれば，それが抜け落ちる可能性も十分に考えられる。

　一口に観察的手法といっても，デザイン思考で使用される方法論や考え方は，本家の文化人類学で用いられているものとは次の2点で異なっている。1つは，観察範囲の違いである（佐々木，2020）。デザイン思考では，文化人類学とは異なり観察を行う範囲を限定している。その理由は，特定の状況下でのユーザーの行為や意味を理解することが主目的であり，ユーザーの生活や仕事全体を理解することが目的ではないことや，企業での実践を考えた場合，観察範囲の過度な拡大は効率性を悪化させるからである。そして，もう1つは，意味の所在に対する認識の違いである（森永，2015）。デザイン思考では，意味はユーザーの内側で発生すると考えている。それに対して，文化人類学では，意味はユーザーの外側（社会や文化の側）にあると考えている[10]。その結果，デザイン思考では，ユーザー個人に焦点が当てられ，彼らを取り巻く社会的な文脈や文化に

10　例えば，美しさの基準は，時代や地域によって大きく異なる。つまり，それは個人の中にあるというよりは，むしろ個人を取り巻く社会や文化の側にあると考えられるのである。

はあまり焦点が当たらない。

　そして，これらの違いは，理解する内容にも大きな違いを生む。特にデザイン思考で使用される観察的手法では，特定の状況下におけるユーザーの行為や意味を深く理解することはできても，彼らを取り巻く社会的な文脈や文化に対する理解は抜け落ちる危険がある。したがって，広義の審美性の高さを再現できないという批判には，それなりの説得力がある。実際，優秀なデザイナーは様々なことにアンテナを張って情報感度を高め，社会的な文脈や文化に対する理解に努めている（Walsh, Roy, Bruce and Potter, 1992）。それにもかかわらず，デザイン思考では，それらの部分にほとんど触れられていない（このような主張は，第2章のデザイン・ドリブン・イノベーションの議論と関連する）。

　ただし，明確に定式化されてはいないものの，本章Ⅱ.3で見たように，デザイン思考型の観察であっても，観察者が「何かに気づいてしまった自分に気づく」という内省的なプロセスを繰り返すことで，自身や業界を支配するバイアスに気づくことはできる[11]。その意味では，広義の審美性の高さを全く再現できないわけではないといえる。

　一方，後者のデザイナーが有する高い技術やスキルとは，何でも即興で作れる手先の器用さのことを指す。より具体的には，その場で素早くスケッチを描いたり，手近にあるものを材料に試行錯誤して何かを作り出したりすることなどをいう。これは，Lévi-Strauss（1962）が言うブリコラージュ（bricolage）に近い概念で，創造性や機智が必要になるが，デザイナーはそれらを得意としてきた（諏訪, 2018）。さらに，デザイナーの仕事の良さは，そのような手を動かす部分（デザイン・ドゥーイング）と，頭を使って考える部分

11　水越（2013）は，そのような現象を「ミクロな消費行動の中に見えるマクロな社会」（113頁）と表現している。

（デザイン・シンキング）とが連動するところにあるとも考えられ
てきた（図表 1-6 参照）。

　この点につき，デザイン思考の提唱者である Brown（2019）は，
デザイン思考とは，デザイン・ドゥーイングからデザイン・シンキ
ングへの進化であると述べ，観察やアイデア造りなどの頭を使う部
分をより重視する姿勢は窺えるものの，手と頭の連動について軽視
しているわけではない。先にも見たように，デザイン思考では，プ
ロトタイプを使った試行錯誤型の問題解決が推奨されているからで
ある。同様に，手を動かすことの重要性についても軽視しているわ
けではない。

　ただし，手を動かす際の技術やスキルの高さなど（さらには，そ
の結果として生み出されるプロトタイプの精度）については軽視し
ている。例えば，空間の心地よさや品のある佇まい，何気なく触り
続けてしまう素材感などの感覚的な価値をプロトタイプで疑似体験
するには，それ相応の精度が必要になるが（池田, 2020），それら
を生み出す手先の器用さについては枠外に置かれてきたのである。

図表 1-6　デザインを構成する 2 つの要素

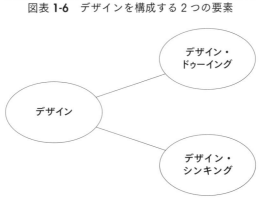

出所：筆者作成。

2. デザイン思考は暗黙知

　デザイン思考が上手く機能しないのは，そもそもそれが暗黙知だからだという指摘である。つまり，デザイン思考自体がダメなのではなく，その運営にはそれなりのコツが必要なのに，多くの会社ではそれに気づいていないという主張である。この点につき，デザイン思考の提唱者である Brown（2019）も，デザイン思考の運用にはコツや熟練が必要になるとして，暗黙知的な部分があることを匂わせている。ただし，それが暗黙知化しやすい原因については様々な見解がある。

　1つ目は，デザイン思考が依拠している観察的手法部分に暗黙知的なものが含まれているという主張である（石橋，2012）。観察を重視する手法についてはこれまでも，観察者の能力や直感に依存し過ぎていて，標準化が難しいとされてきた（星野，1993）。これと同様の問題がデザイン思考にも見られるというのである。具体的には，第1段階の共感／理解から，第4段階のプロトタイプに至る間には飛躍が必要であり，その飛躍は発想力（観察で得たデータから仮説を構築する力）によって支えられている[12]。しかも，その発想の原動力となるのは，イメージ的で，反射的で，身体的で，無意識的で，カオスで神秘的なコミュニケーションであり，再現可能性が低い。つまり，デザイン思考は一見すると，形式知化されているように見えるものの，もともと属人的で暗黙知的な方法であり，ノウハウを学べば誰もがマスターできるような性格のものではないのである。

　2つ目は，デザイン思考のプロセスのうち，いくつかの部分が暗黙知化を助長しているという主張である（Micheli, Wilner, Bhatti,

---

12　このような発想力は通常，アブダクション（abduction）と呼ばれている。アブダクションとは，演繹法（deduction）や帰納法（induction）などの推論形式の1つで，米国の哲学者の Charles Peirce によって提唱されたものである（米盛，2007）。

Mura and Beverland, 2018)。前述したように，デザイン思考はそのプロセスを5段階のステップに分解しているが，それぞれのステップの間で抽象度が大きく異なっている。つまり，具体的な説明がなされているステップと，抽象的な説明しかなされていないステップとが混在しており，後者がデザイン思考の暗黙知化を助長しているというのである。例えば，人に着目して課題を設定せよと言われても，まず「どの人」に着目すべきかなどについての情報は示されておらず，自分で考えるしかない（寺田・杉山・西山, 2013）。また，用いられている言葉も定義が曖昧なものが多く，解釈の余地が大きいことも暗黙知化を助長する一因となっている。

　3つ目は，デザイン思考を現場で機能させようとする善意が，暗黙知化を招いているという主張である（宮澤, 2014）。ワークショップなどでデザイン思考を説明しようとすると，プロセスを細分化していく方が理解は進みやすい。しかし，過度に細分化してしまうとステップが固定され，本来デザイン思考が持っている柔軟性や自由度が失われて，現場で上手く機能しなくなる。そのため，説明の抽象度を上げて，ある程度の柔軟性や自由度を残そうとするが，少しでも抽象度を上げ過ぎると，今度は具体的な進め方がイメージできなくなり，現場で実行されなくなる。つまり，デザイン思考を現場で機能させるには，ある程度の抽象度を残しておく必要があるが，そのさじ加減を間違えると，すぐに暗黙知化してしまうのである。

3. 活用する側の体制の問題

　デザイン思考が上手く機能しないのは，デザイン思考を活用する

側の体制に不備があるからだという指摘である。つまり，デザイン思考自体の問題よりもむしろ，それを受け入れる側に問題があるという主張である。ここで主に問題とされているのは，導入目的の曖昧さと，組織のコンディションの2つである。

前者は，「何のために」それを導入するのかという目的部分の希薄さを指摘するものである。多くの企業では，デザイン思考の導入目的をイノベーション実現のためとしているが，そのような大雑把な目的では上手くいかない場合が多い（紺野, 2014）。デザイン思考を機能させるには目的をもっと具体化し，イノベーションの定義を明確にする必要がある。逆にこの部分が曖昧なままだと，本来適用すべきでないところにデザイン思考を用いてしまうなど，目的と手段のミスマッチが起こる。デザイン思考は万能ではない。その手法では捕捉できない価値や，不得意なこともあるのである。

この点につき，神谷（2017）は，ヤマハでの楽器の開発事例を題材に，そもそも既存のユーザーが存在せず課題も存在しない場合や，課題解決が価値創出につながらない場合などには，デザイン思考はほとんど役に立たないことを明らかにしている。つまり，未知の製品やサービスをはじめ，楽器やゲームなどの純粋に遊びのためだけに使う道具，カワイイもの，良い意味でナンセンスなものなどの創出は苦手なのである（このような主張は，第3章のアート思考の議論と関連する）。それ以外にも，ユーザーに注目して課題を探るデザイン思考では，利用用途すら明確でない最先端技術のアプリケーションの探索や，素材などに代表されるBtoB領域でのコンセプト創造への適用も難しいと言われている（寺田・杉山・西山, 2013）。

一方，後者の組織のコンディションには，マインドセットをはじ

め様々な組織的要素が含まれる。ここでいうマインドセットとは，組織内で無意識のうちに共有されている価値観や組織文化などのことを指す。デザイン思考はプロセスであると同時に，マインドセットでもある（Kelley and Kelley, 2013）。そのため，デザイナーの仕事の特性を理解することなく，従来の論理思考やエンジニアリングのマインドセットのままそれを導入しても，デザイン思考が本来持つ力を発揮させることはできない。つまり，導入する側のマインドセットも同時に変革する必要があるのである（このような主張は，第4章のデザイン態度の議論と関連する）。

　また，Wrigley, Nusem and Straker（2020）によると，デザイン思考が長期的に機能するには，戦略的なビジョン（strategic vision）の共有やデザイン活動を支えるための設備（facilities）の保持，デザインの有する価値に対する理解やデザインに関する知識の保有などの文化資本（cultural capital），デザインの実務を支えるための細かな指示・命令（directives）などの4つの組織的要素が鍵になるとされている。

Ⅴ. 小括

　本章では，デザイン思考の持つ「人間中心の視点」と「プロトタイプを使った試行錯誤型の問題解決」という2つの特徴に焦点を当て，その新奇性の有無や様々な批判の是非について議論してきた。

　まず，前者の人間中心の視点では，「ユーザーがどのように理解しているのかを理解する」ことが重視され，ユーザーがイノベーションの起点であることが強調されるが，経営学におけるユーザー

イノベーションとはユーザーの捉え方や活用目的の点で大きく異なっている。また，経営学のマーケット・プル型やディマンド・プル型のイノベーションに対しては，デザイン思考の方が概念のカバーする範囲が狭く，それらに内包される関係にあるが，潜在的なニーズを掘り起こすための方法論に関しては，デザイン思考の方が具体性や多様性に富んでいる。そこでは，カスタマージャーニーマップやコンテクスチュアル・デザインなど，様々な観察的手法が考案されてきた。ただし，それらの観察的手法によって得られる情報の整理の仕方については，デザイン思考と経営学の間に大きな違いは見られない。

　一方，後者のプロトタイプを活用した試行錯誤型の問題解決については，新奇性をほとんど見出すことができない。デザイン思考のそのような問題解決スタイルには，問題発見と問題解決の同時実現をはじめ，プロトタイプの活用による問題解決の前進，問題解決サイクルの高速回転とアイデアの大量出力などの3つの特徴があるとされているが，それらに類似するロジックは経営学の中にも見出すことができる。より具体的には，問題発見と問題解決の同時実現は，ニーズ・ソリューション・ペアズと呼ばれる枠組みと似ている。また，プロトタイプを使って考えることの有用性は，バウンダリー・オブジェクトや実験行動など，経営学でも様々な形で議論されてきた。さらに，問題解決のスピードとアイデアの量で正解に近づけていくという発想は，マーケティング研究の領域で古くから議論されてきた。

　また，デザイン思考が持つ2つの特徴を巡っては様々な批判もあるが，それらの多くは，あまり的を射ているとは言い難い。

　まず，人間中心の視点に対する批判としては，ユーザー起点では

「顕在的なニーズしか拾うことができず，漸進的なイノベーションや改善しか起こせない」「そこから生み出されるアイデアもコモディティ化する」「自身の頭の中や業界にはびこる常識やバイアスを壊すことができない」などがあるが，それらはいずれも観察的手法に対する誤解や，その手法によって得られる情報に対する誤解などが根底にある。

　一方，デザイン思考の問題解決スタイルに対しては，「デザイン思考とは結局のところ，PDCA サイクルを回しているに過ぎない」「デザイン思考は未知のものを生み出す 0 → 1 型のイノベーションには向いていない」などの批判がある。前者の批判は，問題定義の部分を軽く扱い過ぎていることに起因する誤解である。それに対して，後者の批判は，概して妥当ではあるものの，「0 → 1」のみが革新的（急進的）で，「0 → 1」でないものはすべて改善（漸進的）であるという解釈には違和感が残る。

　さらに，前述の批判以外にも，デザイン思考には実践の場における機能不全を指摘する声も多いが，それらの内容については概ね妥当といえる。1 つ目は，デザイン思考が優れたデザイナーの仕事のやり方を完全には再現できておらず，そこから抜け落ちた部分にこそ大事なものが潜んでいると指摘するもの。2 つ目は，デザイン思考自体を否定するのではなく，その運営方法の難しさを指摘するもの。そして，3 つ目は，デザイン思考を活用する側の体制の不備を指摘するものである。

補論① デザイン思考研究の系譜

　本論では，主に IDEO の提唱したデザイン思考に焦点を当ててきたので，ここでは，古くから学問（あるいは教育）の世界で取り組まれてきたデザイン思考研究の系譜を簡単に整理しておきたい（**図表　補①-1** 参照）。

1. 60年代：システム論の登場と大学教育の開始

　ビジネスの世界でデザイン思考が登場するのは 2000 年代に入ってからであるが，学問の世界では 1960 年代から研究が始まっている。その嚆矢となったのは，1962 年に英国で開催された The First Conference of Design Method である（吉田, 1996）。そこでは，デザイナーがそれまで勘と経験を頼りに行ってきた自らの仕事を客観視するとともに合理化し，一般的なデザイン方法論として体系化することが試みられた。それ以降，特に英国や米国において，デザイン活動に論理性や合理性を追求しようとする運動が活発になる。

　例えば，Alexander（1964）は，「正しく」都市や建物をデザインするために，数学の形式システムの考え方を盛り込んだダイアグラム（diagram）という方法論を提案し，Archer（1965）は，デザイナーによる問題解決のためのシステマチックな方法論を提案した[1]。さらに，Simon（1969）は，人間の認知能力の限界（限定的合理性）を前提に，デザイン活動を人間の普遍的な問題

---

1 彼が 1965 年に出版した『Systematic Method for Designers』の中で，初めて「デザイン思考（desing thinking）」という言葉が登場したとされている。

解決活動としてモデル化した。

　一方，教育現場でも，視覚心理学者の Arnheim（1969）が出版した『Visual Thinking』に触発され，スタンフォード大学の工学部でデザイン教育が始まる。Robert McKim による Visual Thinking 講座の開設である（McKim, 1972）。このクラスの目標は，視覚的に考えるための様々な訓練を通して，エンジニアの創造性を刺激することにあった[2]。

　このように，60 年代の学問の世界では，デザインがシステマチックなプロセスとして厳密に定義することが可能であり，誰もがデザインすることができると素朴に信じられ，追究されてきた。しかし，70 年代に入ると，これらの取り組みに対して，「デザインは，数学の証明のように厳密に定義された枠組みの中で行われるものではない」などの批判が起こり始める（長坂, 2015）。つまり，それらの研究は，デザイナーの内面で起こる省察的なプロセスを無視して，デザイン活動を外形化された科学的な手続きに矮小化しているとの批判が巻き起こってきたのである。

2. 70年代：認識論の登場とシステム論の衰退

　70 年代に入ると，Rittel and Webber（1973）が，厄介な問題（wicked problems）という概念を持ち出し，デザインが扱うのは，独特で，曖昧で，絶えず変化（進化）する，決定的な解決策がない厄介な問題であり，科学ではそのような問題を解決することができないと主張した[3]。さらに，そのような厄介な問題に向き合うためには，もっと創造的なアプローチが必要になるとも述

2 このクラスは後述するように，Visual Thinking から Ambidextrous Thinking へ，さらには d.school（正式名称は Hasso Plattner Institute of Design）へと名前や形態，教育内容を変え，現在も継続している。

3 ここで，Rittel と Webber が wicked problems という概念を「持ち出した」と表現しているのは，彼らが論文を発表する以前に，Churchman（1967）によってその概念が発表されているからである。

040

図表 補①-1　デザイン思考研究の系譜

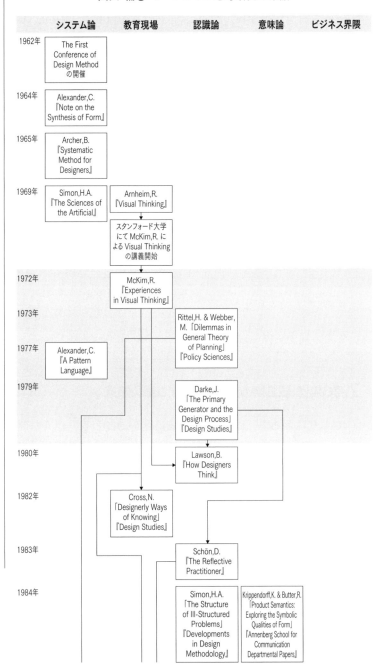

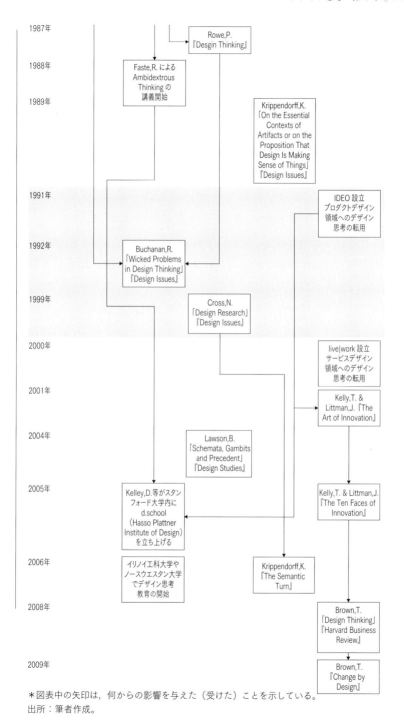

＊図表中の矢印は，何からの影響を与えた（受けた）ことを示している。
出所：筆者作成。

べている。ただし，留意すべきは，それらが語られたのは（デザインと聞いて多くの人が想像するような）建築や製品の形に関する文脈の中ではなく，政策立案に関する文脈の中という点である。彼らが想定しているのは，多くの対立する利害関係者が存在し，刻一刻と状況が変化するような複雑で不確実な世界なのである。

　また，Darke（1979）は，実際に建築家が設計を行うプロセスを観察したり，インタビューを行ったりすることで，彼らの思考プロセスを明らかにするとともに，そこから一次生成案（primary generator）という鍵概念を導出している。この一次生成案とは，建築家が設計プロセスの早い段階で生み出すアイデアスケッチや模型など（いわゆる，プロトタイプ）のことである。彼らは，それらの案をたたき台にして，複雑に絡み合った諸条件をクリアしようと試行錯誤する。ただし，その作業は合理性よりも，むしろ自らの価値判断に基づいて行われることが多い。さらに，彼女はこの研究を通じて，デザインの科学的な定式化を目指すよりも，行為者の主観（認知・認識）に注目することの重要性を説いている。

　このように70年代に入ると，デザインを科学的に定式化することの限界が指摘され始めるが，60年代から続くシステマチックなアプローチが完全に途絶えたわけではない。前出のAlexanderは様々な紆余曲折を経て，1977年に『A Pattern Language』を出版している。その中で，彼は人々が心地よいと感じる環境を253のパターンに分け，家づくりや街づくりの際には，それらを参照すべきだと主張した。ただし，それは出版当初こそ画期的な著書として高く評価されたものの，その後の実践

の場での相次ぐ失敗により，急速に勢いを失っていった（長坂,
2015）。

　一方，教育現場では，前出の McKim がスタンフォード大学内
に開設した Visual Thinking 講座での経験を基に，1972 年に
『Experiences in Visual Thinking』を出版し，考え方の１つの手段
としてのデザインの有用性を提唱している。

3. 80年代：認識論の発展と意味論の登場

　続いて 80 年代に入ると，Lawson（1980）が『How Designers
Think』を出版する。これは，デザイナーや建築家の思考プロセ
スの解明を試みたもので，彼らが解決志向（solution-oriented）
の問題解決プロセスを採用する傾向にあることが明らかにされて
いる。より具体的には，建築学専攻の学生と自然科学専攻の学生
を対象に，色のついたブロックを用いて実験を行い，人間には問
題志向と解決志向の２つのタイプがいることや，建築学専攻の学
生はそのうち，解決策志向の問題解決プロセスを採用する傾向に
あることなどを明らかにしている。なお，Lawson（1980）は，
前出の McKim の著書や大学の同僚である Darke の研究に影響を
受けたとされている。

　また，Schön（1983）は，デザイナーや都市計画者などのプロ
フェッショナルに注目し，彼らがどのように状況を認識し，それ
によって行動をどう変化させ，それを問題解決にどう結びつけて
いるのかなどを明らかにしている。前出の Darke（1979）は，デ
ザインを研究する際に，科学的な定式化を目指すよりも，行為者
の主観に注目することの重要性を説いたが，Schön もその立場を

引き継いでいる。また，彼の著書には，厄介な問題とよく似た低地の沼（swampy lowlands）という概念が登場し，実践の中で取り組む問題の扱いにくさが強調されているが，そこでの主たる関心は問題解決ではなく，問題設定（problem framing）にある。その理由は，適切な問いの設定こそが優れたアイデアの創出につながることや，問題解決のプロセスには依然として神秘的で直感的な側面が残っていると考えているためである。

　なお，Schön がそのような主張を展開した翌年には，それまでデザインをシステマチックなプロセスと見做してきた Simon が，実際の社会の中で扱われるのは多くの場合，目標や解を求める手続きさえ分からない構造の不明確な問題であるとして，従来の主張からの軌道修正を図っている。彼は 69 年に出版した『The Sciences of the 　』において，デザインはシステマチックなプロセスとして厳密に定義することが可能であり，誰もがデザインすることができるとしていた。しかし，その後多くの批判を受け，世の中で扱われる問題を，厳密な定義が可能な構造の明確な問題（well-structured problems）と，それが困難な構造の不明確な問題（ill-structured problems）とに区別するようになっている（Simon, 1984）。

　さらに，Rowe（1987）は，『Design Thinking』を出版し，その中で，建築家や都市計画者が様々な状況を加味しながら最善の解決策を導き出していく様子を描き出している。彼は，スケッチの収集や関係者へのインタビューなどを通じて，構想が何度も練り直され，試行錯誤の中から一定の方向性が見出されることや，それが論理的というより，むしろ状況との対話の中から創発的に見出されることなどを明らかにしている。彼の著書では Schön

（1983）が頻繁に引用されており，彼と考え方が近いことが窺える。さらに，Rowe は，問題には，輪郭の明瞭な問題と輪郭の不明瞭な問題の 2 種類があり，デザイナーが扱う問題の多くは後者のタイプであるとも述べている。なお，輪郭が不明瞭な問題とは，そもそも何が問題かよく分からないものや，課題そのものが不明なもののことであり，前出の厄介な問題や低地の沼，構造の不明確な問題などと類似の概念である。

　このように，80 年代は，認識論をベースとした研究が発展する一方で，新しく意味論をベースとした研究も登場してくる。Krippendorff and Butter（1984）は，モノのデザイン（例えば，形，色，質感）にも独自の意味があり，その表現を変えることで，消費者に異なる意味を伝えることができると考えた。このような考え方は，製品意味論（product semantics）と呼ばれている。さらに，Krippendorff（1989）はそのような考え方を発展させ，デザインをモノに意味を与えること（making sense of things）と捉え直して，デザイナーを人工物の創造に携わる者から，人工物の意味の創造に携わる者へと変換しようと試みている。

　一方，教育現場では，前出の McKim の影響を受けた Cross（1982）が，自身が編集者を務める『Design Studies』誌に論文を執筆し，デザインは学校で教えられるべき独特な文化であり，自然科学や人文学とは異なる固有の領域を形作っていると主張した。また，スタンフォード大学で McKim の後を引き継いだ Rolf Faste は，彼の Visual Thinking の考え方をデザインに拡張し，異質なものを組み合わせてハイブリッド的に取り入れる Ambidextrous Thinking の講座を始める（Faste, 1994）。そこで

の教育内容は，後に Design Thinking と呼ばれるものへと発展することになる。

4. 90年代：ビジネス領域への展開

90年代に入るとすぐに，Faste のスタンフォード大学の同僚である Kelley（兄）によってデザイン・ファームの IDEO が設立され，プロダクトデザインの領域にデザイン思考（あるいは，human-centered design という思想）が転用され始める（Kelley and Littman, 2001）[4]。これまでも見てきたように，デザイン思考はもともと，建築や都市計画，土木，政策立案などの分野で取り扱われてきた。なぜなら，それらの分野では対立する利害関係者が多く，複雑で，不安定な問題を取り扱うことが多いからである。しかし，IDEO は，それを当時，徐々に複雑化しつつあったプロダクトデザインの世界に持ち込んだのである。

一方，教育現場では，Buchanan（1992）が，デザインを応用芸術でも科学でもなく，新しい教養（liberal arts）として位置づけるべきだと主張した。彼は，Rittel and Webber（1973）が論じた厄介な問題という概念を再び持ち出し，デザイナーが対峙するのは明確な問題ではなく，そのような不明確な問題であるとして，デザインをシステマチックなプロセスと見做した Simon（1969）を改めて批判している。その上で，そのような厄介な問題の解決にはデザイン思考が資することや，デザイン思考がイノベーションを起こす際にも有用であることなどを論じている。

また，学問の領域では，Cross（1999）がデザイン「ならでは」の直感に注目し，その独自性を主張した。彼は，デザイン思

---

4 Kelley には，David Kelley と Tom Kelley の二人の兄弟がおり，Kelley と表記するだけでは紛らわしいので，以下では，IDEO の創業者で d.school の創設者でもある David のことを Kelley（兄），IDEO のゼネラルマネジャーである Tom のことを Kelley（弟）と表記している。

考とは暗黙知と直感のプロセスであり，それはデザイン特有のものであるとして，他の分野から独立可能な専門的技能であると主張している。ただし，Cross（1997）によると，それは突然天から降ってくるインスピレーションのようなものではなく，地道に橋を架けていく作業に近いとされている。つまり，アナロジー（類推）やアブダクションなどの方法を駆使して，当てはまりのいい答えを探し出す行為に近いのである。デザイン思想家のPapanek（1972）は，一見無関係なものを関連づけることが創造的なアイデアを生み出す秘訣であると述べているが，Crossはそれをデザイナーに特有の思考プロセスとして捉えている。

5. 2000年代：意味論の台頭とビジネス・教育現場への普及

　2000年代の学問領域での新しい動きとしては，意味論の台頭がある。Krippendorffは，それまで自身が展開してきた議論をまとめ上げ，2006年に『The Semantic Turn』を出版した。その背景には，長年にわたるデザインの曖昧な専門性に対する煮え切らない思いがあった。例えば，Cross（1982・1999）は，デザインの独自性や特殊性を主張してきたが，他の知的な職業との線引きがクリアになされてきたわけではない。普遍的なものと特殊なものとが混在してきたのである。それに対して，Krippendorffは，意味を中心に置くことで，デザインの特殊性を浮き彫りにできると考えた。彼は，デザイナーの特殊性は意味を作り出すところにあると主張している。さらに，意味を中心に置き，人工物はその意味を伝えるための媒介と捉えることで，デザイナーを主役に位置づけることができるとしている。

　このように，2000年代には意味論が台頭する一方で，認識論の領域ではほとんど目新しい議論は見られない。むしろ，これまでの議論の焼き直しが多いような印象さえある。例えば，Lawson（2004）は，デザインの特性をチェスのギャンビット（肉を切らせて骨を断つ方法）に喩えて議論しているが，それはかつてのCross（1982）の主張と近い。

　他方，ビジネスの現場では，2000年に英国でデザイン・ファームのlive|workが設立され，サービスデザイン領域へのデザイン思考の転用が始まる。Moggridge（2006）によると，これが後に欧州でブームとなるサービスデザイン領域でのデザイン思考活用の始まりとされている。また，米国では，IDEOでゼネラルマネジャーを務めるKelley（弟）とジャーナリストのJonathan Littmanが2001年に『The Art of Innovation』を，2005年に『The Ten Faces of Innovation』を相次いで出版し，イノベーションに対するデザイン思考の有用性を説いた。さらに，2008年には，Kelley（兄）からIDEOのCEOを引き継いだTim Brownが，『Harvard Business Review』誌に論文「Design Thinking」を発表し，ビジネス界にデザイン思考という言葉を知らしめるきっかけを作った。さらに，その翌年には『Change by Design』を出版し，その普及に弾みをつけた。

　そして，教育現場では，2005年に，Kelley（兄）等が中心となってスタンフォード大学内にd.school（正式名称はHasso Plattner Institute of Design）を立ち上げる（Brown, 2008）。そこでは，非デザイナーのためのデザイン教育がさらに推し進められ，現在ではデザイン思考教育のメッカとなっている。このように，McKimが工学部学生の創造性を高めるために始めたVisual

Thinking の 講 義 は，Faste の Ambidextrous Thinking を 経 て，Design Thinking へと進化を遂げている。

　さらに，2000 年代にはスタンフォード以外の様々な大学（院）でも，デザイン思考教育が始まっている（黒川, 2012）。例えば，2006 年には，イリノイ工科大学のデザイン研究所がデザイン修士号と MBA のデュアルディグリープログラムを導入し，ノースウェスタン大学では，学習・組織変革を学ぶ大学院生に向けたデザイン思考教育が始まっている。

補論② シャープの液晶ビューカムのケース

　ここでは，デザイン思考の活用によって生み出された革新的な製品の開発事例を取り上げてみたい。具体的に，ここで取り上げるのは，シャープの「液晶ビューカム」である[1]。液晶ビューカムとは，1992年に発売された液晶パネル付きカメラ一体型VTRのことで，その登場はビデオカメラ市場を脱成熟化させるほど革新的なものであった。しかも，この液晶ビューカムの開発は，1人のデザイナーの観察から始まり，大量のプロトタイプ作成による試行錯誤を経て実現するなど，デザイン思考が当てはまる好例といえる。

　液晶ビューカムが発売された1992年当時のビデオカメラ市場は，成熟化に加えバブル経済崩壊のあおりを受け，1990年の約180万台に対して，約116万台まで落ち込んでいた（図表 補②-1 参照）。しかも，当時のシャープのビデオカメラ市場でのシェアは2%ほどしかなく，集計上は「その他」に分類されていた。それが同年10月に発売された液晶ビューカムによって新たに女性や高齢者の開拓に成功すると，一時は30%近いシェアを占めるようになった（図表 補②-2 参照）。さらに，他社からも続々と液晶パネル付きビデオカメラが投入されたことで，ビデオカメラ市場全体も脱成熟化して息を吹き返し始め，1996年には約135万台まで回復している（図表 補②-1 参照）。

　この液晶ビューカムの開発はもともと，新しいカメラ一体型VTRを開発するという明確な狙いを持ってスタートしたわけで

---

1 当該事例は，森永・山下・河原林（2013）をベースに，いくつかの二次資料を加えて再構成したものである。そのため，特段の断りがない限り，その内容は森永・山下・河原林（2013）に基づいている。

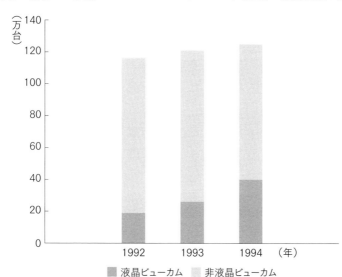

図表 補②-1　ビデオカメラ市場の動向

（万台）

■ 液晶パネル付きカメラ　■ 液晶パネルなしカメラ

出所：：『日経エレクトロニクス』1998年2月9日号，155頁より一部を修正して引用。

図表 補②-2　液晶ビューカムとビデオカメラ市場全体の販売台数の推移

（万台）

■ 液晶ビューカム　■ 非液晶ビューカム

出所：西野（1994），13頁より一部を抜粋して引用。

はない。それはむしろ，液晶パネルの用途拡大のための1プロジェクトとして始まった。当時のシャープでは，液晶パネルの開発に巨額の投資（約1,000億円）を行っており，この投資をどう回収するのかが課題となっていた。液晶パネルという要素技術はあるものの，その需要を拡大するための用途開発が上手くいっていなかったのである[2]。

　そこで，各事業本部はアイデアの検討に入ったが，なかなか優れたアイデアは生まれてこなかった。液晶パネルを使用することにこだわり過ぎて，冷蔵庫や洗濯機などの従来の製品に液晶パネルを単に貼りつけただけといった安易なアイデアが多かった。そんな中，デザイナーの大井博氏が，液晶ビューカムの原型となるアイデアを思いつく。それは，ビュー・ファインダーをのぞきながら撮影する従来型のカメラ一体型VTRではなく，液晶パネル部を回転させ，それを見ながら撮影することができるカメラ一体型VTRである。

　従来の製品では，腰をかがめないと背の低いものを撮影することができず，不便であった。液晶パネルを使えば，カメラの位置から顔を離すことができ，新しい使い方を提案することができる。これは，従来のビュー・ファインダー型ビデオカメラをユーザーがどのように使っているのかを観察していたときに，母親が腰をかがめて子供を撮影している不自然な姿を見て気づいたアイデアであった[3]。

　そこで，大井氏は早速，そのアイデアを製品アイデアの提案会

2　現在とは異なり，当時の液晶パネルの用途としては，電卓や小型のテレビ受像機などしかなく，液晶パネル市場の拡大には限界があった。また，当時のシャープでも液晶パネルをテレビやパソコンのディスプレイに活用することはもちろん考えていたが，当時の技術ではその実現は困難であった。

3　『日経エレクトロニクス』（1998年2月9日号，153頁）では，「昼休み中に，何気なくビデオの専門誌を眺めているうちに思いついたアイデアであった」とされているが，本人にお話を伺ったところ（2009年8月5日インタビュー実施），そうではないようである。

議で提案することにした。当時の総合デザイン本部（デザイン組織の名称）では，New Electronics Wave Project（通称「N・E・Wプロ」）と呼ばれる製品アイデアの提案会議が，年に 2 回開かれており，上司の許可を得れば，提案書とモックアップ（粘土の模型）を携えて参加することができた。しかし，当時は，提案はしたものの技術的に見て実現可能性が低いとして，高い評価は得られなかった。1989 年 9 月 26 日のことである。

　それ以降も，シャープでは液晶パネルの用途開発の模索が続いたが，なかなか新しいアイデアは生まれてこなかった。そんな中，1990 年 11 月 20 日，突然，辻晴雄社長から，電子機器事業本部に「カメラ一体型VTRの新しいアイデアを早く見せよ」との電話がかかってくる。その背景には，ソニーが 1989 年 6 月に発売したカメラ一体型VTR「CCD-TR55」（通称「パスポート・サイズ・ハンディカム」）の大ヒットがあった[4]。

　そこでにわかに持ち上がったのが，かつての N・E・W プロでいったんは没になった大井氏の提案である。電子機器事業本部内のデザインセンターで所長を勤める西野正毅氏は，当時，別の事業本部（音響システム事業本部）のデザインセンター所長として，N・E・W プロに出席し，大井氏の提案に密かに高い評価を与えていた。そこで，西野氏は，電子機器事業本部ビデオ事業部長の湯谷泰治氏から相談を持ちかけられた際に，大井氏のアイデアを推薦し，辻社長に再提案することにした。そして，その提案が認められ，プロジェクトがスタートすることになる。

　ただ，以上のような紆余曲折を経て，社長から新製品の企画に対してゴーサインは出たものの，商品化されることが最終決定されたわけではない。次のステップとして，商品化を前提に，現実

---

4 『日経エレクトロニクス』1998 年 3 月
　9 日号，155-158 頁。

的な「形」を早急に固める必要がある[5]。そこで，西野氏は，栃木と東京の２つのデザイン部署にそれらの仕事を依頼した。ここでいう栃木のデザイン部署とは，電子機器事業本部で開発される製品（例えば，テレビ受像機や据置型VTRなど）のデザインを一手に引き受けている電子機器デザインセンターのことである。一方，東京のデザイン部署とはSE（Super Excellent）プロジェクト・チームのことで，総合デザイン本部の傘下で，主に製品化を前提に先端商品のデザイン開発を手掛けているデザイナー集団のことである。

そして，そのうちのSEプロジェクト・チームでは，「コンセプトを自分のものにするには実際に撮影できるものを創って遊んでみるしかない」[6]として，市販のビデオカメラを改造して，プロトタイプの作製に取り掛かった。なぜなら，誰もそのような撮影スタイルを体験したことがなく，魅力がイマイチつかめなかったからである。SEプロジェクト・チームは，作製したプロトタイプを近所の公園に持ち出して実際に撮影してみるなどして，製品のコンセプトを固めつつ，デザイン案を練り上げていった。

そして，1991年6月，西野氏は東京・栃木の両デザイン部署から提案されたモックアップ4案のうちの2案を，商品化を決定するための商品企画会議IIに提案した。しかし，好感触は得られたものの，その段階ではまだ社長からの最終的な承認はもらえなかった。そのため，デザインに改良を加え，2カ月後の8月に再び改良版を商品企画会議IIに提案し，そこでようやく社長からの承認が得られた。最終的に選ばれたのは，SEプロジェクト・チームのデザイン案であった。

それから，約1年後の1992年10月26日に液晶ビューカムは

---

5 ここから，デザインと並行する形で，技術開発が始まる。なお，1991年の春には，プリント回路基板の小型化に成功し，同年の秋には，液晶に関する技術的な問題もクリアしている。

6 『日経エレクトロニクス』1998年3月23日号，161頁。

発売され，瞬く間に大ヒットとなった。その翌年には，他社から
も液晶パネルを搭載した類似の商品が次々と市場投入されるよう
になり，ビデオカメラ市場は再び活性化し始めた。

第 2 章

デザイン・ドリブン・
イノベーション

Ⅰ. はじめに

　本章では，ポスト・デザイン思考の一番手であるデザイン・ドリブン・イノベーション（以下，DDIとする）に注目してみたい。DDIは，ミラノ工科大学のRoberto Vergantiが提唱した概念で，デザイン思考を批判する形で登場してきた。その批判内容とは，デザイナーの仕事やデザインのエッセンスは，デザイン思考が言うような問題解決にあるのではなく，意味作り（sense making）にあるというのである（Verganti, 2009）。

　Vergantiは，このDDIについてそれほど明確な定義を与えているわけではないが，その特徴は，次の2点に集約することができる。1つは，製品やサービスの意味に注目すること，そして，もう1つは，解釈者を活用して，その意味を革新することである。しかし，先に見たデザイン思考同様，その経営学的な位置づけはあまり明らかにされていない。それでは，そのような取り組みは，既存の経営学の議論や概念とどのように関係しているのであろうか。あるいは，それのどこにオリジナリティや新奇性を見出すことができるのであろうか。また，DDIには様々な批判もあるが，それらは経営学の立場から見て妥当な批判なのであろうか。

　以下では，「意味への注目」と「解釈者の活用」という2つの特徴に焦点を当て，それらの問いに答えてみたい。

Ⅱ. 意味への注目について

1. 既存のイノベーション研究との関係

　Verganti（2009）は，製品やサービスに用いられている技術の革新性の度合いではなく，製品やサービスの受益者にとっての意味（meanings）の変化の度合いに注目し，その劇的な変化（radical change）こそ，DDIであると考えている（図表**2-1**参照）。つまり，製品やサービスの新たな意味を作り出し，ユーザーが持つ既存の価値観やライフスタイルを一変させてしまうことこそが重要になるのである。

　ユーザーは，たとえ既存の製品分野の製品であっても，その中に新しい意味を見出すことができれば，既存の価値観を改定し，新たな価値を受容する。その一例が，アレッシィのコルク栓抜き「アンナG」である。この製品は人の形をしており，栓を抜く際にはダンスを踊る。機能性では他に優れた製品はあるが，プレゼントとして

図表 **2-1**　デザイン・ドリブン・イノベーションの位置づけ

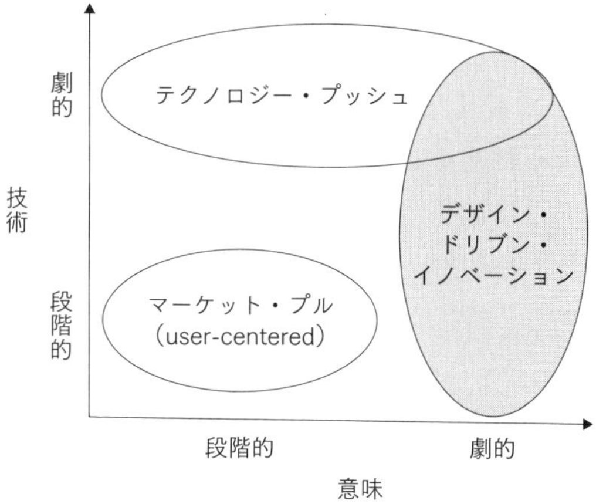

出所：Verganti（2009），邦訳5頁より引用。

贈れば，長く記憶に残るだけでなく，会話のきっかけにもなる。そのため，多くの人がコミュニケーションのツールとしてそれを購入した。Verganti は，このような事例を基に，技術革新の程度に関わらず，製品やサービスの意味を劇的に変化させることこそが，既存の価値観やライフスタイルの改定につながると考えている。つまり，技術革新に依ろうが依らまいが，製品やサービスの意味を変化させることこそ，イノベーションの原動力であり，企業が目指すべき目標であると論じているのである。

　ただし，Verganti（2009）は，その測定指標や測定尺度を明確には提示していない。そのため，彼がいう意味の革新性とは何かを正確に理解することは難しいが，読み解く手掛かりはある。そのうちの１つが，**図表 2-1** にあるマーケット・プルの存在である。彼は，技術と意味の革新度合がともに小さいものをマーケット・プル型のイノベーションと呼び，それを今ある文化や価値観を固定する方向に向かわせるものとして捉えている。つまり，それは「○○という製品はこうであるべき」などの社会的な規範や常識を維持したまま，機能や使用感に改良を加えていく既存市場深耕型のイノベーションのことを指していると考えられるのである。

　したがって，このことから推測すると，その対極に位置するDDI とは新市場創造型のイノベーションのことであり，今ある価値観や文化の改定を促すものとして理解することができる。つまり，「○○という製品はこうであるべき（例えば，ロウソクとは明かりをとるための道具である，自動車は高速の移動手段である）」などの社会的な規範や常識に対して，そうではない可能性（例えば，ロウソクとは人を癒すための道具である，自動車は居住空間である）を提案し，新しい市場を切り開くものと考えられるのであ

る。

　一方，既存のイノベーション研究にも DDI と同様に，技術の革新性とは異なる軸に注目してイノベーションを分類した一連の研究がある。Abernathy, Clark and Kantrow（1983）や Abernathy and Clark（1985）は，新製品に用いられている技術の革新度合だけでなく，市場にとってどれほど革新的であったのかにも注目してイノベーションを分類している（**図表2-2**参照）。このように，彼らの研究は，市場の革新性という軸を新たに加えてイノベーションを分類しており，アプローチの仕方において，DDI と共通する部分がある。さらに，その軸の内容も似通っている。

　Abernathy, Clark and Kantrow（1983）や Abernathy and Clark（1985）が示す市場の革新性とは，新規顧客の割合（relationship with customer base），製品の使い道の変化の度合い（customer application），売り場や売り先の変化の度合い（channels of distribution and service）の3つの指標で構成されており，それらの測定結果の大きさによって判断される。例えば，製品の用途が大

図表 **2-2**　変革力マップ

	改善的	革新的
革新的	革命的革新 （Revolutionary）	構築的革新 （Architectural）
改善的	通常的革新 （Regular）	隙間創造 （Niche Creation）

（縦軸：技術の革新性　横軸：市場の革新性）

出所：Abernathy and Clark（1985）p8 より，翻訳して引用。
※翻訳に際しては Abernathy, Clark and Kantrow（1983）の邦訳版を参考にした。

きく変わって売り先や売り場が変化し，新規顧客が多く誕生した場合は，市場の革新性が大きいと判断される。反対に，製品の用途がほとんど変わらず，売り先や売り場もそのままで，新規顧客がほとんどいない場合は，市場の革新性が小さいと判断される。つまり，それは，新製品が既存市場の深耕に留まるようなインパクトの小さなものなのか，それとも新市場を創出するほどのインパクトの大きなものなのかに注目した分類なのである。

　このようにして見ていくと，両者は本質的には，ほとんど同じ事柄（それが既存市場の深耕なのか新市場の創出なのか）に注目しているといえる。つまり，Verganti（2009）が掲げる意味の革新性と，Abernathy, Clark and Kantrow（1983）や Abernathy and Clark（1985）が掲げる市場の革新性は，ほとんど同義なのである。なお，Verganti は，意味の革新性のうち，特にその程度が大きいものを DDI と定義しているため，その点に注意すると，DDI は，

図表 2-3　既存のイノベーションと DDI との関係

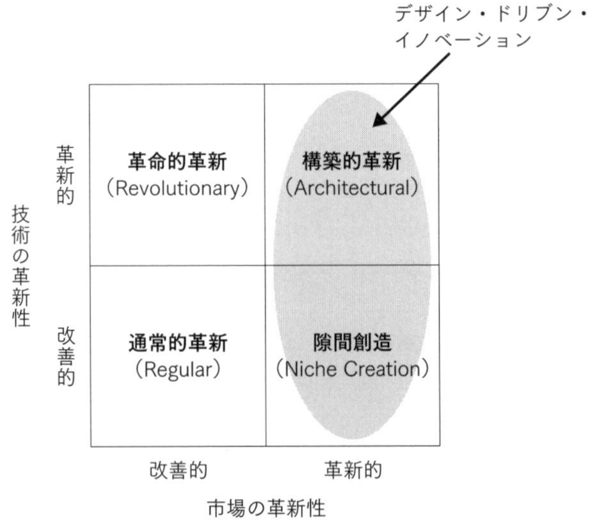

出所：Abernathy and Clark（1985）p8 より，翻訳して引用。
※翻訳に際しては Abernathy, Clark and Kantrow（1983）の邦訳版
　を参考にした。

Abernathy, Clark and Kantrow（1983）や Abernathy and Clark（1985）
が行ったイノベーションの4分類のうち，特に構築的革新と隙間創
造の部分（図表 2-3 の網掛け部分）に該当するといえる。このよう
に，DDI を既存のイノベーション研究の文脈で捉え直すと，それ
は市場革新型のイノベーションに位置づけることができる。

2. 意味の革新性への注目やDDIの位置づけに対する批判

　次に，前述した意味の革新性への注目や DDI の位置づけに対す
る批判をいくつか取り上げ，検討してみたい。

　まず，意味の革新性に向けられる批判は，その測定方法に関する
ものである。犬塚（2014）は，意味の革新にいう「意味」とは，誰
にとっての意味を指し，それをどうやって測定するのかという点に
疑問を呈している。

　確かに，Verganti は暗黙のうちに，大多数のユーザーが共感する
ような意味の革新を想定してしまっている。しかし，なぜ限られた
ユーザーにとっての意味の革新ではいけないのであろうか。この部
分についての明確な説明はなされていない。ただ，そのような想定
は，おそらく彼が消費記号論や消費文化論に近い立場に立っている
ことと関係があると考えられる（詳細については，本章Ⅳ. で後述
する）。消費記号論や消費文化論では，意味は社会的に共有された
ものであり，「○○という製品はこうであるべき（例えば，ロウソ
クとは明かりをとるための道具である）」などの社会的な規範や常
識が存在すると考えられている[1]。それに対して，彼はそうではな
い可能性（例えば，ロウソクとは人を癒すための道具である）を提
案し，それらを革新することが重要になると考えているのである。

---

1 なお，Verganti（2009）は，そのような
　社会的に共有された意味のことを「現在
　市場を支配している製品の意味」（邦訳
　76頁）や「現在の支配的意味」（邦訳 78
　頁）などと呼んでいる。

ただし，問題は Verganti が独断で意味の革新度合を判断してしまっているところにある。そもそも意味は測定困難で客観的に捉えにくいことから，これまで科学の対象からは排除されてきた（星野，1993）。それにもかかわらず，彼の主観以外に何も根拠となるデータが示されていない[2]。きわめて革新的なものや全く変化のないものなど，両極端な事例についてはある程度のコンセンサスは得られるかもしれないが，その中間に位置するものはどう判断すればよいのであろうか。測定尺度がなければ，それらの度合いを比較したり，直線上にプロットしたりすることはできない[3]。

一方，DDI の位置づけに対する批判は，**図表2-1** に関するものである。Verganti（2009）は，既存のイノベーションを技術によって駆動するテクノロジー・プッシュ型のイノベーションと，市場とユーザーによって駆動するマーケット・プル型のイノベーションに分け，DDI をそれに次ぐ第三のイノベーションと位置づけている。つまり，意味という新しい軸を用いることで，（その意味によって駆動するイノベーションとしての）DDI のポジションを生み出すとともに，既存のイノベーションとの立ち位置の違いを描き出そうとしているのである。しかし，この図を巡ってはいくつかの批判がある。

1つ目は，第三のイノベーションとは言うものの，テクノロジー・プッシュ型のイノベーションと重複している部分が見られることである。技術の劇的な変化と，意味の劇的な変化が交差する右

---

2 その他にも，売上高や市場シェアなどの定量的なデータがほとんど示されておらず，製品やサービスがどの程度まで普及したのかも明らかにされていない。いくら革新的なものであっても，普及しないものをイノベーションと呼ぶことはできない（Rogers, 1982）。さらに，ユーザーが本当に意味の革新性に惹かれてそれを購入したのかについては確かめる術もない。

3 この部分に，本章II.1で見た Abernathy, Clark and Kantrow（1983）や Abernathy and Clark（1985）との大きな違いがある。前述したように，彼らは市場の革新性の構成要素として，新規顧客の割合，製品の使い道の変化の度合い，売り場や売り先の変化の度合いの3つを提示している。その結果，Meyer and Roberts（1986）は，技術と市場の革新性の内容をさらに細かく設定し，それを16分割している。

上の部分は，DDIでもありテクノロジー・プッシュ型のイノベーションでもあるという錯綜した状態にある[4]。通常，類型化を行う際には，漏れも重複もないこと（MECE：Mutually Exclusive and Collectively Exhaustive）が重要になるが（照屋・岡田, 2001），その部分が無視されている。

　2つ目は，DDIはそもそもカテゴリーではないという批判である。図表 2-1 を見る限りでは，DDIはイノベーションの1つのカテゴリーであるかのように窺える。しかし，DDIはイノベーションのカテゴリー（the type of change）ではなく，イノベーションを起こすための1つのアプローチ（approach taken toward innovation）に過ぎないという批判がある（Mutlu and Er, 2003）[5]。要するに，多様な解釈者を活用して，製品やサービスの新たな意味を見つけ出そうとする試みは，市場革新のための一手法に過ぎないというのである。仮にこの批判が正しいとすれば，図表 2-1 に示したような他のイノベーションとの関係の見直しが迫られる一方で，1つ目の重複に関する批判からは解放される。

　3つ目は，縦軸の「技術の革新性」の定義が不明瞭なことである。この軸で表される革新的な技術とは，自社にとっての新技術（世の中にはあったものの，自分たちは採用してこなかった新技術＝分析単位は企業）なのか，世の中にとっての新技術（特許として新奇性が認められるような新技術＝分析単位は産業）なのかについての説明が明確になされていない。それどころか，時には両者が混在する

---

[4] なお，Verganti（2009）では，この重複部分のことを別途，テクノロジー・エピファニー（technology epiphany）と呼んでいる。さらに，Norman and Verganti（2014）では，DDIの内容を革新的な技術に関連するテクノロジー・エピファニーと，既存技術に関連する意味のイノベーション（innovation of meaning）とに区別している。

[5] 論文が執筆された年を見ても分かるように，彼らの研究はVergantiの研究を直接批判したものではない。ただ，Verganti以前にも，似たような議論を展開している研究がいくつかあり，彼らはそれらの研究を批判しているため，ここに加えることにした。

形で用いられることさえある。

　例えば，Verganti（2011・2017）は，フィリップスが開発した CTスキャンのサポートシステム「AEH（Ambient Experience for Healthcare）」を革新的な技術と意味の組み合わせの成功事例として取り上げている。しかし，鈴木（2018）によると，AEHを構成する諸技術は特許として認められない。それらは画像診断機器メーカーにとっては馴染みの薄い技術であっても，LEDやビデオカメラ，RFID（パッシブタイプのICタグ）などのありふれた技術の組み合わせに過ぎないからである。したがって，この点に注目すると，縦軸の技術の革新性とは，自社にとっての新しい技術（産業間での技術移転や転用，既存技術の用途開拓など）を意味していると考えられる。

　しかし，当該論文では同時に，画像診断機器メーカー各社が開発している次世代の画像診断装置（特許がとれる技術）も革新的な技術に位置づけられており，読み手を混乱させる（図表2-4参照）。技術の革新性をそのような「世界初」や「業界初」の意味で捉えた場合，AEHは既存技術と革新的な意味の組み合わせとなり，事例

図表2-4　画像診断装置のイノベーション

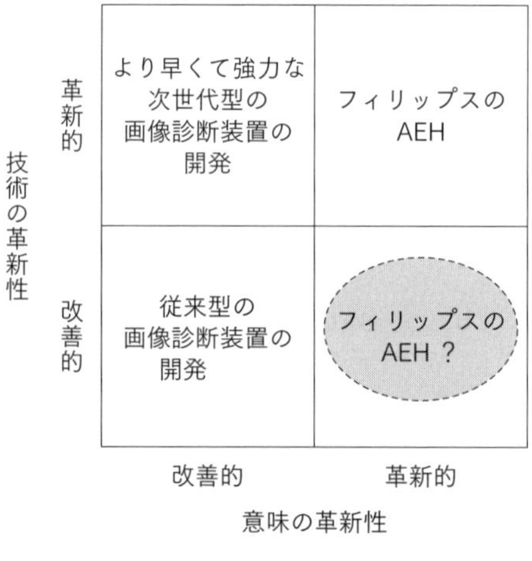

出所：Verganti（2017），邦訳98頁より一部を加筆・修正して引用。

の位置づけが大きく変わってくるからである（その場合は，**図表 2-4** の網掛け部分になる）。

　また仮に分析単位が企業だとすると，今度は横軸の「意味の革新性」にも矛盾が生じてくる。分析単位が企業の場合，横軸が表すものは自社にとっての意味の革新度合となるため，これまで説明してきたような現在市場を支配している意味に対する革新度合ではなくなってしまうからである。そのため，おそらく AEH の事例の位置づけが間違いで，分析単位は産業であると考えられる。

Ⅲ. 解釈者の活用について

　続いて，DDI の 2 つ目の特徴である「解釈者の活用」に注目してみたい。前述したように，DDI では製品やサービスの意味を革新することに主眼が置かれるが，それを創出する起点はユーザーには置かれていない（むしろ，ユーザーに近づき過ぎるなとさえ言われている）。起点となるのは，自分自身と多様な解釈者たちである[6]。さらに，その解釈者たちは企業の内部だけではなく，外部にもいるとされている（Verganti, 2006）。

　DDI では，現在のような情報過多（overcrowded）の時代では，アイデアは比較的簡単に見つけられるため，大事なのはアイデアの創出ではなく，むしろアイデアが持つ意味を突き詰めて考えることだとされている（Verganti, 2017）。そして，そのためには研鑽を積む機会や場が必要になる。

---

[6] なお，詳細は本章Ⅳ. で後述するものの，DDI が多様な解釈者に頼るのはピープル（社会や文化の成員である人々）を対象にアイデアの意味を考えるためである。ただ，不特定多数のピープルをバラバラに調査しても，社会のトレンドや先端的な動きを捉えることは難しい。そこで，DDI では社会学者や雑誌の編集者などの多様な専門家に接触することで，社会のトレンドや最先端の動きを把握しようと考えているのである。Verganti（2011）では，「一般群衆が提供する何千通りもの解釈は雑音にしかならない（中略）独特ではあるが信頼できる解釈を提供できそうな，少数の専門家を慎重に選んだ」（邦訳 99 頁）と述べている。

　ただし，注意すべきは，最初から様々な人たちと共創的にアイデアを作るわけではないという点である。これは，作り手の個性や世界観を守るためである。みんなで作ると，自分1人で作るときよりも自分らしさが失われてしまう。そのため，初期の構想は1人で始めて，課題を探索する中で意味の強度を高め，その過程において少しずつ共創する仲間を増やしていく。つまり，個から始めて，相互作用の輪の中で徐々に意味の強度を上げていくというプロセスが重要になるのである。

　なお，DDIではそのような研鑽を積む機会や場として，スパーリング，ラディカル・サークル，デザイン・ディスコースの3つを挙げている。そして，それらはそれぞれ，以下のように説明がなされている（Verganti, 2017）。

①スパーリング

　二人一組で行われる。ブレインストーミングの「他人の意見を批判してはいけない」というルールとは反対に，お互いに厳しい批判を繰り返すことで，徐々にビジョンを明確にし，自分のアイデアを心の内から外側に広げていく作業。

②ラディカル・サークル

　10名未満で行われる。革新的なビジョンを生み出すことを目的とした，自主的に結びついた（仕事関係による結びつきでない）個人が集まったサークルのこと。1つまたは少数の有望な路線に収束させることを目的にして行われる作業。

③デザイン・ディスコース

　　十数名から数十名程度で行われる。個人間や企業間のネットワーク内で行われる対話のこと。このネットワークは，芸術家や社会学者などの文化に関する解釈者と，サプライヤーや研究者などの技術に関する解釈者の2種類で構成される。また，そこでの作業は大きく次の3つのステップで進められる。まずは，解釈者の声に耳を傾ける（新しい知見に対して解釈者を通じて間接的にアクセスする）。次に，解釈する（彼らから得た知見を統合し，新しい意味やビジョンを育む）。そして最後に，話しかける（解釈者たちに対して，自身のビジョンを広く認識させる）。これらのプロセスを通じて，意味の強度を高めていく作業。

1. 既存のイノベーション研究との関係

　前述したように，DDIの特徴の1つは，外部の解釈者を活用することである。Verganti（2006）は，企業単独でDDIを達成することは難しく，デザイン・ディスコースを構成する様々な解釈者との相互作用を形成することでそれは達成されるとしている。つまり，DDIの実現には，外部の関与が不可欠（あるいは，一社内に閉じた状態では実現が困難）と考えているのである。

　そのように社外の者をイノベーション活動に活用するという意味では，それは経営学におけるオープンイノベーションと似ている。そこでもDDIと同様に，企業はイノベーション活動をより大きなネットワークの観点から捉え直すべきだとされているからである（Chesbrough, 2003）。つまり，自社の研究開発組織がいかに大き

かったとしても，それは数多くの研究者，様々な施設，様々な企業
といった巨大なネットワークの一部に過ぎないため，もっと積極的
に外部の知識を活用すべきだとしてきたのである。経営学ではオー
プンイノベーションの他にも，ユーザーイノベーションやビジネス
エコシステムなどが同様の文脈で語られてきた。

　そのため，一見するとDDIは，それらの議論の範疇に納まるよ
うにも思われる。特に，デザイン・ディスコースの様々な解釈者の
中には，先端的なユーザー（いわゆるリードユーザー）も含まれて
いるため，その部分に注目すると，DDIはvon Hippel（2005）が
いうリードユーザー活用型のイノベーションと同じに見えてしま
う。しかし，Verganti（2006）は，両者の間には外部を活用する目
的部分に違いがあるとして，DDIがオープンイノベーションや
ユーザーイノベーションと同一視されることを拒んでいる[7]。

　オープンイノベーションやユーザーイノベーションは，社外にア
イデアが存在することを前提に，アイデアを社外から調達しようと
する。それに対して，DDIではアイデアを作る主体は内部であり，
アイデアを外部から調達するわけではない。外部の役割はあくま
で，意味の強度を高める手伝いをする解釈者に留まるのである。こ
のように，DDIとオープンイノベーションとは，イノベーション
に対する大きな考え方の部分で共通点を有しているものの，外部を
活用する目的部分で異なっているといえる。

　そして，DDIのもう1つの特徴は，自己を起点としつつも，社内
外の多様な解釈者の助けを借りながら意味を作り上げていく点であ
る。Verganti（2017）は，DDIとは自己の内面を表出するプロセス
であり，周囲との相互作用を通じて，内から外へと向かうところに
特徴があるとしている。そして，この部分こそが前述したように，

7 ただし，VergantiがDDIの事例としてい
るものの中には，オープンイノベーショ
ンと同一視され得るものもいくつか含ま
れている。例えば，Vergantiが2006年
に執筆したアレッシィの「ティー・アン
ド・コーヒー・ピアッツァ」のケースで
は，社外の著名建築家11名にティー・
セットやコーヒー・セットの制作を依頼
しており，外部から直接アイデアを調達
している。

オープンイノベーションとは異なると主張する根拠でもある。また，他人ではなく自己を起点とすることから，デザイン思考とも異なるとしている。ユーザーが抱える問題の解決ではなく，自らが作り出した新しい意味をユーザーに提案するからである。

　ただ，その一方で，既存の多くのイノベーション研究では，アイデアの種が個人に宿ることや，その内容が革新的であればあるほど，周囲との相互作用なしには受け入れられないことなどは所与とされてきた。つまり，イノベーションは個人が起点になるものの，その実現に向けては組織内，企業内，関連産業，ユーザーなどを巻き込んで共感を得ることが必要になるとされてきたのである。武石・青島・軽部（2012）はこのような点に注目し，イノベーションの実現には，研究者によるアイデアの創出に加え，それを正当化するための取り組みが重要になることを明らかにしている。

　より具体的に見てみると，彼らは，大河内賞[8]を受賞した企業23社のケースを取り上げ，組織内外で新しいアイデアに対する合意がどのように形成され，どのような過程を経てイノベーションが実現していくのかを詳細に分析している。その結果，イノベーションを実現した研究者たちは，自身のアイデアが投資に値することを，論理的整合性（話のつじつまが合っていること）や経験的妥当性（現実に確かめられること）によって示すのではなく，共鳴や共感などの意味納得性によって示していることが分かった[9]。新しい技術やその用途の，普遍的で客観的な経済合理性を示すことは難しい。そのため，事業化を促すには，それらの代わりに，組織内外の多様な関係者に対して，当該技術への投資を正当化するような主観的な理由を与える必要があったのである。

　これと類似した議論は，Cohen, Keller and Streeter（1979）や伊

---

8 大河内賞は，財団法人大河内記念会が，産業の発展に貢献し，産業上の顕著な成果を実現した優れた技術革新を選定し，授与するものである。

9 ここで取り上げた論理的整合性や経験的妥当性，意味納得性などの具体的な内容については，妹尾（2012）に詳しい。詳細はそちらを参考のこと。

藤（2013）の中にも見ることができる。彼らは，研究開発部門から事業部門へのスムーズな技術移転には，当該技術に対する部外者による評価や外圧が時として重要になる旨を指摘している。そして，そのためには，研究者が部外者を巻き込んだり，彼らとコンタクトをとったり，彼らを説得したりすることが重要になるとしている。なお，ここでいう部外者とは，社外の者である場合もあれば，社内の者である場合もあるが，少なくとも，当初から想定された開発部門のメンバーとは異なる。

　このようにしてみると，自己（個人）を起点として内から外へ向かうというプロセスは，何も DDI に固有のものではなく，多くのイノベーションに共通して見られるプロセスであることが窺える。もちろん，先に見たイノベーション研究はいずれも，テクノロジー・プッシュ型を対象としたものであり，意味（あるいは市場）革新型の DDI とは異なるところがあるのかもしれない。また，解釈者の幅や多様性，その関与の仕方に何らかの違いがあるのかもしれない。しかし，現段階ではそこまでは明らかにされておらず，そのようなプロセスを DDI 固有の特徴と断言することは難しい[10]。

2. 自分自身と多様な解釈者を起点することへの批判

　続いて，ここでは，自分自身と多様な解釈者（特にデザイン・ディスコース）を起点とすることに対する批判を 3 つ取り上げ，考察を加えてみたい。

　1 つ目の批判は，その優位性を示す証拠（論理とデータ）が示さ

10　Verganti は少なくとも 2011 年の論文までは，意味を生み出すにあたって重要な役割を果たすのは，社外の解釈者（社外ネットワーク）であると主張してきたが，2017 年の著書になると，新たな意味を生み出すのは社内であって，社外の解釈者は生み出された意味の方向性を吟味しているに過ぎないと，（何の説明もなく）解釈者の位置づけを大きく変えている。これは，オープンイノベーションとの違いを際立たせるための措置と考えられるが，その結果，今度は一般的なイノベーションとの違いが見出せなくなるというジレンマに陥っている。

れていないというものである（犬塚, 2014）。Vergantiが言うように，デザイン思考などのユーザーを起点とするアプローチには問題はあるかもしれない。しかし，だからといって，ユーザーを見ずに，自分の思いを多様な解釈者の手を借りて表出させれば，意味の革新を生み出せるはずだという論理展開には飛躍がある。「ユーザーを注意深く観察しても，意味の革新を生み出せなかった場合がある」という言明は，「ユーザーを見なければ，意味の革新を生み出せる」という言明と同じではない。前者の論理的対偶は「意味の革新が生み出せたときに，ユーザーを見ていなかった場合がある」である。つまり，ユーザーを見ずに，意味の革新を生み出せたことはあったかもしれないが，それと同程度に，ユーザーを注意深く観察することで，意味の革新を生み出せたこともあったはずのである（これは2つ目の批判とも関連する）[11]。

　また，ユーザーを起点としたときよりも，自分自身とデザイン・ディスコースを起点としたときの方が，意味の革新を生み出せる確率が高くなることを証明するデータもない。前述したように，論理的には，ユーザーを注意深く観察しても，意味の革新を生み出せるチャンスは同程度にあるのだから，本来であれば，ユーザー起点で意味の革新に成功した事例を探索・収集し，それとの定量的な比較を行うべきである。しかし，DDIの提唱から10年以上経つものの，その種のデータは提示されていない。

　2つ目の批判は，DDIの実現にデザイン・ディスコースは本当に必要なのかというものである。本章Ⅲ.1でも見たように，Vergantiは，DDIの実現にはデザイン・ディスコースなどの外部の関与が不可欠と考えている。しかし，デザイン・ディスコースへの没頭なしに，DDIが実現できたとするインドネシアからの報告もある

11　その他にも，補論④で示すように，（ユーザーに対する観察ではないものの）ユーザーとの対話の中で製品の新しい意味が見つかることもある。

（Kembaren, Simatupang, Larso and Wiyancoko, 2014）。デザイン主導企業5社を対象に行われたこの調査では，DDIが嫌うブレインストーミングなどのアイデア発想法が用いられていただけでなく，特定の解釈者が開発プロセスに強く関与することもなかった。また，学術的な報告はまだないものの，現場にはデザイン・ディスコースを活用しながらも，DDIに成功しなかった事例もたくさんあるだろう。

　したがって，理論的には，DDIとデザイン・ディスコースの関係は，図表 2-5 のように整理することができる。そのうち，Vergantiが主張するのは，セル①とセル③の組み合わせのみである。しかし，現実には，先ほど見たインドネシアの事例のように，セル④（デザイン・ディスコースを活用していないのに，DDIに成功した）に該当するものや，まだ顕在化していないものの，セル②（デザイン・ディスコースを活用しても，DDIに失敗した）に該当するものもあると考えられる。つまり，デザイン・ディスコースは，DDIを実現するための必要十分条件ではない可能性が高いのである。

　3つ目の批判は，DDIの成功事例とされるものは本当にユーザーを見なかったのか（あるいは，本当に多様な解釈者との対話を経て作られたのか）というものである（犬塚, 2014）。つまり，これは，エビデンスの信憑性に対する疑義である。

　例えば，Verganti（2009）は，DDIの成功事例として任天堂のゲーム機「Wii」を頻繁に取り上げているが，Wiiの開発陣は，製品開発プロセスにおいて本当にユーザーの方を見なかったのであろうか。Wiiの肝となる「Wiiリモコン」の開発に関する二次資料を

図表 2-5　デザイン・ディスコースとDDIの関係

		デザイン・ディスコース	
		有	無
DDI	成功	①	④
	失敗	②	③

出所：筆者作成。

読むと，「ユーザーに怖がられないコントローラ」というコンセプトに合致させるために，膨大な数のモックアップが作られ[12]，ほぼ2カ月に1度の割合で，40人ほどを集めた社内品評会が実施されていたとあり[13]，ユーザーをかなり意識していたことが窺える。その一方で，外部の多様な解釈者を巻き込んでいるような記述は全く見つけられなかった（もちろん，資料を見落とした可能性や，二次資料にはなっていないだけで，実際は多様な解釈者を巻き込んでいる可能性もある）。

　その意味で，DDI の成功事例の中には，一次データや開発記録などの二次データに触れることなく，革新的なアウトプットだけを見て後づけでストーリーを作り上げているものが含まれている可能性がある。

Ⅳ. DDIの背後にあるもの

　以上で見てきたように，DDI は経営学的にはそれほど高いオリジナリティを持っているとは言い難い。ただ，その一方で，デザイン思考との対比は鮮明である。なぜなら，それはデザイン思考に対して，次のような問題意識を有しているからである。

　デザイン思考では，ユーザーなどの個別の人間に焦点を当て，その人の抱えている問題を扱うことを定石としている。しかし，優秀なデザイナーは，個別の人間の課題だけでなく，もっと背後で変化しつつある「社会的な文脈や文化」の視点から問題を捉えているはずである。デザイン思考はその部分を見落としている。そこを取り上げないのは不十分ではないのかという問題意識である。

---

12 『日経エレクトロニクス』2007年9月
　24日号，72-73頁。

13 『日経ビジネス』2006年11月27日
　号，54頁。

　前述したように，Verganti は「ユーザーに近づき過ぎるな」と主張しているが，それは単純にユーザーを見なくていいという意味ではなく，もっと大きな視野で物事を捉えよという意味である。ユーザーに焦点を当てると，ピープル（社会や文化の成員である人々）が見えなくなるからである。以下は，そのことについて語った彼の発言の抜粋である。

　　「例えば，ゲームのユーザーは自分の部屋でボタンを押し続けているが，そこから一歩下がってみると，そこには兄弟，父母，祖父母などがいてピープルが見えてくる。これまで企業のリサーチではユーザーしか見ていなかったが，一歩下がることで，生活の中や社会の中のピープルが見えてくる。そして，そこに与える意味が見えてくる。この視点が大切なのだ」（『日本経済新聞』2009 年 12 月 9 日）

　このように見ていくと，DDI とは，前章Ⅳ.1 で見たデザイン思考が切り捨てたデザイナーの仕事のもう 1 つの側面に注目したものである可能性がある。つまり，人々を取り巻く社会構造や時代性に対するデザイナーの感度の高さや，消費の背後にある文化のカラクリを理解する能力の高さなどに目をつけ，それをデザイナーでない人にも再現できるようモデル化しようとする試みである。

　実際，優秀なデザイナーは，社内の仕事をこなすだけでなく，社外の様々な分野の人々と交流している（Walsh, Roy, Bruce and Potter, 1992）。彼らはネットワークを張り巡らし，優れた感性によって様々な一次情報を集め，その収集した情報に独自の解釈を加えて，人々を取り巻く社会的な文脈や文化を理解する。さらに，そ

の理解に基づいて自らも新しい意味を作り出し，発信する。あるいは，ユーザー・コミュニティや日常生活を注意深く観察して変化の兆しを捉え，それを社内に持ち込もうとする。

　このように，デザイナーはあたかも文化人類学者のように足を使って様々な一次情報を集めたり，人々の日常的な行動や街の様子などを観察したりして，社会や文化などの目に見えない構造を理解しようとする。さらには，その理解に基づいて新しい意味を作り出したり，社外で見つけたものを社内に持ち込んだりする。これらの振る舞いを再現しようとしたのがDDIであり，ラディカル・サークルやデザイン・ディスコースと呼ばれる多様な解釈者たちとの対話なのかもしれない[14]。デザイナーでない人もDDIに示されたステップを踏むことで，優秀なデザイナーが行っていることを追体験できると考えたのではないだろうか[15]。

　さらに，もう少し理論的なところに踏み込めば，Vergantiは「消費される物になるためには，物は記号にならなくてはならない」（Baudrillard, 1968）とする消費記号論や消費文化論に近い立場に立っていると考えられる（補論③参照）。消費記号論や消費文化論では，意味は個人ではなく社会や文化に宿るという前提の下，消費行動も単なる個人の営みとしてではなく，社会的・文化的な活動として捉えている。さらに，そのような意味はたった1つの原因によって生じるものでも，静態的なものでもなく，企業やユーザー，

14　これは，ネットワーク（あるいは，弱い紐帯）の中で，多様な解釈者たちとのインタラクションが絶えず行われているイタリアでの経験がモデルとなっているのかもしれない（DDIの提唱者であるVergantiはイタリアのミラノ工科大学の教員である）。例えば，ミラノで毎年開催されているデザインの国際見本市「ミラノサローネ」では，文化に関わる解釈者たちと技術に関わる解釈者たちとの間でインタラクションが行われ，そこから様々な新しいモノや発想が生み出されている。

15　本章Ⅲ.でも触れたように，Verganti（2009）は，デザイン・ディスコースと対話を行うプロセスとして，耳を傾ける，解釈する，話しかける，の3つのステップを設けているが，これらはそれぞれ，ネットワークから得た情報を基に社会的な文脈や文化を理解する，その理解に基づいて自らも新しい意味を作り出す，新しい意味を発信する，に該当すると考えられる。

製品など様々なアクターの相互作用によって立ち現れ，変容してい
くものと考えられている。したがって，そこでは，人間は単なる社
会構造や文化体系の中に組み込まれた存在に過ぎないため，個々の
人間の内面を理解することよりも，むしろ人々を取り巻く社会的な
文脈や文化を理解することの方が重要になる（星野, 1985）。

　DDI も同様に，ユーザー個人よりも，彼らを取り巻く社会的な
文脈や文化に関心を寄せている。このことは，本章Ⅱ.2でも述べた
ように，Verganti が暗黙のうちに，多くの人にとっての意味の革新
を想定していることからも窺える。つまり，彼は，消費記号論や消
費文化論と同じように，意味は社会的に共有されたものであり，
「○○という製品はこうであるべき」などの社会的な規範や常識が
存在することを議論の前提としているのである。さらに，彼が執筆
した DDI 以外の論文においても同様の傾向が見受けられ，彼が消
費記号論や消費文化論と近い立ち位置にいることが窺える。以下
は，そのことを暗示する 2 つの論文である。

　まず，Dell'Era and Verganti（2011）では，イタリアの家具産業
を対象に，新しい製品言語（意味）がどのように広がっていくのか
を分析している。製品言語はある製品や特定のモノに付随するわけ
ではなく，1 度形作られると，それ自体が独立して社会や産業をま
たいで伝播していく。そして，そのような異なる社会や産業への製
品言語の伝播にデザイナーが強く関与している。つまり，デザイ
ナーは製品言語の創造者としてだけでなく，その仲介者
（knowledge broker）としても機能しているのである[16]。ただし，
そのような製品言語は，常に顕在化しているわけではない。また，
それらは社内ではなく社外のユーザー・コミュニティや日常生活の
中に潜んでいる。そのため，デザイナーは様々なことにアンテナを

16　知識の仲介者（knowledge broker）という概念は，Bertola and Teixeira（2003）が初出である。彼らは，それを「人々の価値観や日常生活の中に埋め込まれた文脈の変化を捉え，それらを社内に持ち込んで，イノベーションの方向づけを行う水先案内人」（189 頁を筆者翻訳）と定義している。

張って情報感度を高めたり，社会を注意深く観察したりして新しい製品言語を捉えようとする。そして，その獲得に成功すると，今度はそれを形にし，社内に持ち込んで自社の製品に移植しようと試みる。

　一方，Dell'Era, Buganza, Fecchio and Verganti（2011）では，ランゲージ・ブローカリング・プロセス（language brokering process）と呼ばれる，新しい製品言語を創造するための方法論を提案している。彼らは，米国の飲料メーカーで行われたワークショップでの経験を基に，新しい製品言語を創造するのに有効な仕事の流れを抽出し，その一般化を試みている。この方法論の特徴は，モノをデザインすることよりも，デザインを方向づけている言語のデザインに重点を置いている点にある。彼らはコンセプト開発におけるデザイナーの働きに注目し，デザイナーがコンセプトを考える際の思考過程を顕在化して，それを以下の4つのステップに整理している。

　1番目は，意味論的・記号論的内省（semantic and semiotic introspection）と呼ばれるステップで，そこでは，その企業を暗示する言葉や意味の分析を行う。2番目は，新しい意味の開発（new meaning development）と呼ばれるステップで，そこでは，特定のターゲットに，新しい製品やサービスから連想して欲しい意味の同定を行う。3番目は，言語探索（language scouting）と呼ばれるステップで，そこでは，前のステップで同定された意味を伝えるのに最適な言語を，他の産業やライバル企業などの前例の中から探し出し，その言語を同定させる。そして，4番目は，言語翻訳（language translation）と呼ばれるステップで，そこでは，企業のイメージ（その企業を暗示する言葉や意味）に注意を払いながら，前のステップで同定された言語を，自社の新しい製品やサービスに

適用するための翻訳作業が行われる。

　以上のように，Verganti は DDI 以外の論文においても，意味を個人的なものとしてではなく，社会的・文化的なものとして捉える記号論や製品意味論の考え方を援用しており[17]，同じ考え方をベースに持つ消費記号論や消費文化論とも近い立場にいることが窺える。

V. DDIの効果

　最後に，DDI の効果について考えてみたい。DDI は果たしてデザイン思考の限界を超えて，「0 → 1」型のイノベーションを生み出すことができるのであろうか。結論を先取りすれば，理論的には可能といえる。例えば，「既存製品・サービスの意味を革新しようと試行錯誤しているうちに，既存の枠組みの中には収まりきらなくなり，気がつけば全く新しい枠組みの製品やサービスが生まれていた」というケースである。

　しかし，実際にこれまで提示されてきた DDI の事例を見る限り，それらは「1 → 100（あるいは，10)」型のイノベーションばかりで，「0 → 1」型のイノベーションを起こせたという確たる証拠は存在しない。図表 **2-6** は Verganti がこれまで取り上げてきた DDI の事例一覧であるが，いずれも「1 → 100（あるいは，10)」型のイノベーションに留まっている[18]。それらは結局のところ，自動車や時計，照明器具などの既存製品の意味を新しくしただけで，誰も考えつかなかったような全く新しいジャンルの製品やサービスが生み出されたわけではないのである。

17　記号論と製品意味論の関係については，それを同一のものと見做すか，異なるものと見做すかで見解が分かれている。Krippendorff and Butter（1984）は，製品意味論が記号論の中に位置づけられることを拒み，デザイン固有の理論としてその存在を主張しているが，川間（2002）や向井（2009）は，製品意味論を記号論の枠組みの中に位置づけるべきとの反論を行っている。

図表 2-6　Verganti が取り上げた DDI の事例一覧

No.	商品名 (企業名，発売年)	製品分野	意味の変化		出典
			従来の意味	新しい意味	
1	ヤンキーキャンドル (ヤンキーキャンドル， 1975年)	ロウソク	明かり取り	癒し，歓迎	Verganti (2017)
2	パンダ (フィアット， 1980年)	シティーカー	最低限の製品性能を最低価格で	乗客と荷物を載せるのに十分な広さと小型車並みの価格	Verganti (2009)
3	ティー・アンド・ コーヒー・ピアッツァ (アレッシィ， 1983年)	ティーカップとコーヒーカップ	お茶やコーヒーを飲むための道具	オブジェ（コミュニケーションとイメージの喚起）	Verganti (2006)
4	スウォッチ (スウォッチ・グループ， 1983年)	腕時計	宝飾品としての腕時計	ファッション・アクセサリーとしての腕時計	Verganti (2009)
5	バードケトル (アレッシィ， 1985年)	ケトル	お湯を沸かす道具	素晴らしい朝の目覚めをもたらすもの	Verganti (2006)
6	アンナG (アレッシィ， 1991年)	コルク栓抜き	コルクをきれいに抜く道具	コミュニケーション・ツール	Verganti (2009)
7	ブックワーム (カルテル， 1994年)	本棚	本を収納する棚	本の存在を主張する棚（本を鑑賞物にする）	Verganti (2006)
8	メタモルフォッシ (アルテミデ， 1998年)	照明器具	明かりをともす道具	幸福感をもたらすもの	Verganti (2006)
9	iPod (アップル， 2001年)	携帯型音楽プレイヤー	家の外で音楽を聴くもの	新しい音楽の探索・発見	Verganti (2009)
10	AEH (フィリップス， 2004年)	CTスキャンのサポートシステム	作業スピードと精度の向上	患者のリラックス	Verganti (2011)
11	Wii (任天堂， 2006年)	据え置き型ゲーム機	バーチャルで遊ぶ道具	体を使って遊ぶ道具	Verganti (2009)
12	4C (アルファロメオ， 2013年)	スポーツカー	裕福で力があることの象徴	運転への情熱	Verganti (2017)

出所：筆者作成。

18　ただし，取り上げられたケースの中には，iPodやWiiのように本当にDDIが適応されたか疑わしいものも複数ある（本章II.2を参照）。

　この点につき，Dong（2013）も同様に，DDIを巡る議論の多くは実証的事実が欠落していると批判している。彼は，デザイン・ドリブン・イノベーションやそれに近い言葉をタイトルに冠した本や論文，学会発表（n＝64）を集めて見直し，それらの議論の多くは概念的なもので，その効果を示す確たる証拠もなく，単なるモノの見方（perspective）に過ぎないと結論づけている。その意味では，DDIは実質的には，「1→100（あるいは，10）」型のイノベーションのためのツールということになる。

　なお，「0→1」型のイノベーションが起こりにくい理由として考えられるのは，DDIでは暗黙のうちに，製品やサービスには固有の意味（社会的に共有された意味）があることを前提としているからである。**図表2-6**からも，DDIとは既存の製品やサービスに貼りついた古い意味をはがして，新しい意味に付け替える手法（あるいは，意味を上書きする手法）であることが窺える。記号論や製品意味論においても，表現（記号表記＝シニフィアン）と意味（記号内容＝シニフィエ）の間には必然性はないとされている（Saussure, 1916）。そのため，意味のみを新しく付け替えることは原理的にも可能である（**補論③参照**）。しかし，その反面，DDIではそもそも固有の意味を持たない未知のものを生み出すことは前面に打ち出してこなかった。そこでは，固有の意味を革新することに主眼が置かれてきた[19]。もちろん，前述したように，イレギュラーな形で「0→1」型のイノベーションが生まれることはあるかもしれないが，それはあくまで偶然の産物に過ぎないのである。

19　これは，多くのコモディティ商品を取り扱うイタリアならではの発想といえるかもしれない。前述したように，DDIの提唱者であるVergantiはイタリアのミラノ工科大学の教員である。

Ⅵ. 小括

　本章では，主に DDI の持つ「意味への注目」と「解釈者の活用」という2つの特徴に焦点を当て，その新奇性の有無や様々な批判の是非について議論してきた。

　まず，前者の意味への注目では，特に社会的に共有された意味（常識）を革新することの重要性が強調されるが，そのような主張は経営学にいう市場革新型のイノベーション（特に構築的革新と隙間創造）と内容がほとんど一致するため，新奇性は乏しいといえる。両者はともに，新しい市場を切り開く新市場創造型のイノベーションのことを指していると考えられる。

　一方，後者の解釈者の活用では，イノベーションの実現には外部の関与が不可欠であることを強調するが，経営学で同じく外部の活用を推奨するオープンイノベーションやユーザーイノベーションとは，その活用目的に違いがある。ただ，その反面，外部を活用して意味の強度を高めていくプロセス部分については新奇性がない。DDI では，自己を起点としつつも，社内外の多様な解釈者との対話を通じて意味を作り上げていく，内から外へと向かうプロセスが重要とされているが，そのようなプロセスは多くのイノベーションに共通して見られる特徴だからである。

　また，DDI には様々な批判が寄せられているが，それらは概ね妥当なものといえる。まず，前者の意味の革新性に注目することへの批判としては，革新度合の測定方法の不明瞭さがある。DDI を巡る議論では，測定尺度や根拠となる客観的なデータがほとんど示されておらず，そこに大きな欠陥がある。測定尺度が不明であるた

め，事例間で革新度合を比較したり，それらを直線上にプロットしたりすることができない。

　加えて，DDIの分類図やその位置づけに対する批判もいくらか見られる。1つ目の批判は，第三のイノベーションとは言うものの，テクノロジー・プッシュ型のイノベーションと重複する部分が見られるなど，MECEになっていないことである。2つ目の批判は，DDIはそもそもカテゴリーではなく，市場革新のための1つの手法に過ぎないというものである。これは，DDIとは結局のところ，既存の市場革新型イノベーションの一部に過ぎないとする先の議論とも結びつく。そして，3つ目の批判は，DDIにいう技術の革新性の定義が不明瞭なことである。そこでは，しばしば自社にとっての新技術と，世界や業界にとっての新技術とが混在して用いられきた。つまり，分析単位が企業なのか産業なのかが分からないのである。

　また，後者の解釈者の活用に対しては，次の3つの批判が寄せられている。1つ目は，DDIの優位性を示す証拠が示されていないことである。DDIを巡る議論では，自分自身が起点となって解釈者を活用したときの方が，ユーザーを起点としたときよりも意味の革新を生み出せる確率が高くなると（当たり前のように）語られているが，それを裏づけるデータは一切示されていない。2つ目は，DDIの実現にデザイン・ディスコースは不可欠ではないとする批判である。これには，デザイン・ディスコースの手を借りずに意味のイノベーションを実現した反証事例が示されている。3つ目は，DDIの成功事例とされるものに対する疑義である。DDIの成功事例とされるものには，本当にユーザーを見なかったのか，あるいは多様な解釈者との対話を経て生まれたのか疑わしいものが複数含まれている。

補論③　記号論について[1]

　本論では，消費記号論や消費文化論について触れてきたが，ここでは，その基盤となる記号論について簡単に補足しておきたい。

　そもそも，記号論とは，Ferdinand de Saussure の言語学に端を発した研究分野で，そこでは，人々が持つ価値観（ないし，価値体系）の違いに注目して，様々な文化的・社会的な現象を説明しようとしてきた。Saussure（1916）は，言語とは何かと何かを区別するためにあると考え，さらに，その分け方は，その時々の人々が持つ価値観に依存すると考えた。つまり，人々から区別する価値を見出されれば，それを区別するための言語が与えられ，そうでなければ，与えられないと考えたのである。

　さらに，Saussure は，言語とは記号の体系であり，「記号表記（シニフィアン）」と「記号内容（シニフィエ）」の2つからなるが，言語はそもそも，人々の価値観に依存しているため，両者の関係も恣意的であるとした。つまり，特定の表現には，特定の内容しか対応できないなどの必然性はなく，時代や話し手が変われば，当然，両者の関係も変化すると考えたのである。そして，これらの考え方を類推・拡張して，応用してきたのが，記号論と呼ばれる研究分野である。

　Saussure によって，言語における表現と内容の恣意性が指摘されるようになると，言語以外の様々な象徴や指標に対しても，同様の恣意性を見出そうとする研究が現れるようになった。例えば，Baudrillard（1968）は，多くのブランドには，特定のイメー

---

[1] この補論は，森永（2015）から一部を抜粋し，再構成したものである。

ジが結びつけられているが，その関係は恣意的であることや，その特定のイメージが，他の類似ブランドから当該ブランドを区別する役割を果たしていることなどを指摘した。また，Barthes（1967）は，表現と内容の恣意的な関係性をファッションの分析に応用し，文化的な意味の体系は衣服の外側にあり，ファッションとはそれを衣服に対応づける仕掛けに過ぎないと主張した。さらに，Metz（1977）やBogatyrev（1938・1971）は，映画や演劇において，特定の作品が，同時代の類似作品から区別される仕組み（差異の体系）を読み解こうとした。その他にも，Lévi-Strauss（1955）は，Saussureの言語観を，文化そのものにまで拡張し，文化それ自体を「分け方のシステム」として捉えようとした。

このように，記号論と呼ばれる研究分野は，Saussureの言語学をベースに発展してきた。そして，彼の考え方をマーケティングや消費者行動論に応用したものが，消費記号論や消費文化論（あるいは，セミオティック・マーケティング）である。そこでは，消費の経済的側面ではなく，文化的側面（文化としての消費）に焦点を当ててきた。その嚆矢となったのが，Baudrillard（1968）が提示した「消費される物になるためには，物は記号にならなくてはならない」という命題である。現在の消費行動は，生理的欲求や経済合理性だけでなく，文化的欲求が隠れた動機になっていることが多い。そのため，消費者が，そのモノを価値（意味）あるものとして捉え，他のモノと区別するに値する記号として認識しない限り，モノは購入されないとした。これは言い換えれば，現代における製品は，既に経済的属性を超えた記号へと変化しており，社会的・文化的な脈絡の中で，あたかも言語のように作用しているということである（星野, 1985）。

補論④ 松下電池工業株式会社（現・パナソニック インダストリアルソリューションズ社）のケース[1]

　ここでは長年，意味に注目して製品開発を行ってきた企業のケースを取り上げてみたい。具体的に，ここで取り上げるのは，松下電池工業株式会社（現・パナソニック　インダストリアルソリューションズ社）である[2]。松下電池工業株式会社は，1979年に設立された比較的新しい企業であるが，事業自体の歴史は古く，1923年にまで遡る[3]。同社ではその名の通り，電池と電池応用製品を開発・生産してきた。ここでは特に，後者の電池応用製品に焦点を当てることにする。

　電池の販売量を増やすには，その応用製品の展開が重要になる。同社では，電池の用途を広げることで，電池の売上（消費量）を拡大させてきた（**図表　補④-1**参照）。ただし，用途を広げていくには，新しい販売チャネルへの参入が必要になり，そのような参入を成功させるには，そのチャネルで受け入れられる応用製品の開発が必要になる。つまり，従来の電気コード付きの製品を単に電池内蔵製品（コードレス製品）に置き換えるのではなく，本当にコードレスにすることの意味がある（あるいは，電池やコードレスでしか実現し得ないような）製品を開発する必要があるのである。

　そして，そのような応用製品の開発において，いち早く意味に注目してきたのが，同社のデザインセンター（デザイン組織の名称）である[4]。その背景には，1980年代終盤以降，電池のOEM

1 この**補論④**は，奥野・貞島（1994）を筆者がケースとして再構成したものである。

2 このケースで描かれている内容は，1994年時点でのものである。当時の松下電池工業株式会社では，約1,000種類の電池を取り扱い，売上高は2,250億円であった。また，取り扱う応用製品の点数は約500種類で，年間約20前後の新製品を投入していた。

（相手先ブランド名製造）事業や外販事業の拡大によって応用製品の販売比率が徐々に低下し始めていたことがあった。応用製品の開発を主力としてきたデザインセンターにとって，その減少は死活問題であった。なんとかして応用製品の販売を盛り返さないと，デザインセンターの存在意義がなくなってしまう。そして，そのためには従来の仕事のやり方を変える必要がある。こうした特殊な状況が，デザインセンターに独自のデザイン手法や方法論を生み出させることになった。

　それまでのデザインセンターでは，その製品の持つ魅力が売り

図表 補④-1 「用途開発→チャネル開拓→新技術開発」のサイクル

出所：『デザインニュース』No.228，22頁より引用。
※図中の角が丸い長方形は用途を，丸は新チャネルを，四角は新技術をそれぞれ表している。

3 『パナソニック　インダストリアルソ
　リューションズ社ホームページ』。

4 デザインセンターは1953年に発足し
　ている。なお，90年代当時の人員は9
　名である。

場で一目見て分かるようにデザインすること（悪く言えば，目立たせること）を強く求めていた。そして，その要求に応えるために，新しさの中身を15の要素（技術的要素，形態的要素，テクスチャー的要素，企画的要素など）に分解した「新規性ファイル」などのツールが用意されていた。それに対して，新しく始まったのが「意味の造形活動」である。これは，デザインのプロセスを「意味→ひらめき→構造→形（意味→アイデア→計画→行為）」と，意味を起点に定式化し直したものである（**図表　補④-2**参照）。まずは生活の中から新たな物事の意味を発見して，それを実現する構造を工夫し，当初の意味に沿って造形を行うというプロセスである。デザインセンターでは，この一連のプロセスを確実に回すことが求められた。

　そして，その流れの中で生まれたのが，1991年に発売された「ウォーキングライト」である。このウォーキングライトは，化粧品のコンパクトのような折り畳み型をしており，腰の部分に

図表　補④-2　意味の造形活動

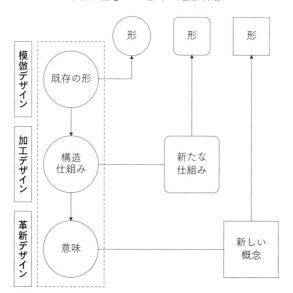

出所：奥野・貞島（1994），24頁より一部を変更して引用。

引っ掛けて，胸元などを照らすことができる。従来にないフォルムと使い方が話題となり，釣り人をはじめ一般家庭から配達業務のプロまで幅広いユーザーに支持された（現在，この製品のDNAは，「パナソニックネックライト」に受け継がれている）。

　この製品が生まれるきっかけとなったのは，社内の釣り愛好家たちとの会話である。それまで釣り人は夜釣りの際には当たり前のようにヘッドランプを使ってきた。しかし，実のところ多くの人が，頭にベルトを巻いて作業をすることを好んでいなかった。仕掛け作りなどの細かな作業をする際に，手元を照らしにくいからである（結局，仕掛け作りの都度，ベルトをいったん頭から外して，それを首からぶら下げ直して使っていた）。そこから，携帯用のライトは必ずしも「足元（行き先）を照らすだけのもの」ではなく，「ハンズフリーで，作業する手元を照らすもの」という新しい意味が生まれ，新方式のライトが開発されることになった。そして，このように意味から開発がスタートした結果，従来のライトのイメージからはほど遠い斬新な形状の製品が生まれることになった。

アート思考

Ⅰ. はじめに

　本章では，ポスト・デザイン思考の二番手であるアート思考に注目してみたい。このアート思考も DDI と同様に，デザイン思考を批判する形で誕生した。つまり，問題解決志向への牽制役として登場したのである。アート思考は，解決志向ではなく問い志向であり，可能性を前に進めるためのものである（Whitaker, 2016）。また，ビジネスの世界に長居するうちに，お行儀良くなってしまったデザイナーに対して，「もっと批判精神を持て」「有用性からいったん離れよ」「無為自由に始めた方が物事の本質に近づける」などのエールを送るものでもある（Malpass, 2017）[1]。

　アートというと一般的には，普遍的な美を追究する作業であるかのように考えられているが，20 世紀以降はそのような方向性に加え，コンセプトを追究するというもう 1 つの方向性が生まれてきた。代表的なのが現代アートと呼ばれる分野で，そこでは以下の記述にもあるように，伝統的な普遍美の否定と，新しいコンセプトの追究を主題としてきた[2]。そして，アート思考にいうアートとは，この後者の意味に近い（Whitaker, 2016）。つまり，コンセプトを追究する現代アートの立ち位置に近いのである[3]。

　　「戦後アメリカの現代アートは，誰もが認めるような美は存在せず，アリストテレスがいうような美のイデアは幻想だというふうに変化していきました。（中略）では，アメリカの現代アートが何を大切にしたのかと言えば，コンセプトです。（中

---

1 デザイン思考に対するこれらの批判については，第 1 章Ⅳ.3 を参照のこと。なお，Malpass（2017）は，正確にはアート思考ではなくスペキュラティヴ・デザインやクリティカル・デザインについて書かれたものであるが，それらはアート思考と密接に関係している。アート思考

とスペキュラティヴ・デザインとの関係については，本章Ⅲ. を参照のこと。

2 現代アーティストの草分けである Marcel Duchamp の「網膜のアートから観念のアートへ」というフレーズがその象徴である（電通美術回路編, 2019）。

略）アートをどのように定義づけて，どのように提示するのか　コンセプトを重視した結果，（中略）コンセプトを楽しむ思考実験的なものに変化していきました」（高橋, 2019, 203頁）。

したがって，ここでいうアート思考とは，現代アーティストが「これまで見たこともないもの」や「ありえないもの」を生み出すために用いているアプローチや手法，ツールなどのことを指す（Whitaker, 2016）。つまり，彼らが「0→1」の作品を生み出すときの取り組みや発想法を，現代アーティストでない人にも使えるように再現（モデル化）したものである。ただし，それは前述したように，解決を志向するものではなく，人々の常識や価値観を揺さぶるためのものであり，議論を巻き起こすような問いかけを行うことで，イノベーション創出のきっかけ作りを行うためのものである。

そして，それは，貢献（donate），逸脱（deviate），破壊（destroy），漂流（drift），対話（dialogue），出展（display）の6段階からなるプロセスとして語られることが多い（中村, 2019）。このプロセスは，ESCPビジネススクールのSylvain Bureauが様々なワークショップを通じて，2000年代終盤から10年以上をかけて作り上げてきたものである。

最初の貢献の段階では，何が得られるかを考えずに，献身的にアイデアを提供／共有する。続く逸脱の段階では，固定観念からわざと外れたことを考える（例えばコンテクストAのシンボルを，コンテクストBに取り込んでみる）。そして，破壊の段階では，普段慣れ親しんだものを破壊する。さらに，漂流の段階では，環境を変えたり，新しいパートナー探しに出たりする。なお，この段階ではメンバーを挑発したり，相互批判したりして混乱に陥ることが認めら

3　ただ，このような立ち位置は必ずしも統一されているわけではない。例えば，自動車企業のマツダが提唱するアート思考は，前者に近いと考えられる（延岡・木村, 2016）。つまり，伝統的な普遍美の追究である。このように，アート思考にいう「アート」の意味も，使い手によってまちまちのところがあるが，本書では，コンセプトの追究の意味で話を進めていく。

れている。伝統的なブレインストーミングでは，相手の意見を否定することは禁止されており，その対極にある方法である。そして，対話の段階では，自分の作品について学び，修正を施すために，本音を打ち明けながらまとめていく。最後に出展の段階では，自分の作品を観客に見せて批評を受ける。このようなプロセスを経て，「これまで見たこともないもの」や「ありえないもの」を導き出していく。

　さらに，そのプロセスの根底には，次の2つの思想が流れている。1つは，「自分モード」を重視することであり，社会的な動機よりも個人的な動機を大事にすることである（＝アートとは自分にとっての大義を追究する行為である）。そして，もう1つは，「問題提起」を重視することであり，既存の価値観や常識を疑って可能性を広げることである（＝アートとは問う行為である）。ただ，それらの思想の経営学的な位置づけは，これまでほとんど明らかにされてこなかった。それらは一体，既存の経営学の議論や概念とどのような関係にあるのであろうか。あるいは，それらのどこにオリジナリティや新奇性を見出すことができるのであろうか。さらに，アート思考にはどのような批判があると考えられるのか。以下では，これらの問いに答えてみたい。

Ⅱ. 自分モードについて

　前述したように，アート思考は，デザイン思考を批判する形で誕生してきた。そして，その批判の1つが，他人モードに対するものである。デザイン思考では，どうすれば「他人」が満足するのかを

考えることが大事とされてきた。それに対し，アート思考では，ユーザーの不満の解消や提供可能な便益ではなく，「自分」がどうしたいのかを考えることが大事とされている。つまり，もっと自分勝手に考えるべきだとか，他の人の役に立つかどうかは分からないけれど，自分にとって大切なことや好きなことをやるべきだ（有用性からの解放）というスタンスをとっているのである[4]。

　そして，それらのモードの違いは，仕事に取り組む際の動機の違いとしても現れてくる。例えば，田浦（2012）は，創造的な行為を行う際の動機に注目し，それを個人的な動機（自分のために，自分が好きなことをやりたい）と社会的な動機（他人のために，何か役に立つことをやりたい）とに分類した上で，前者の方が演繹でも帰納でもない形で，新しい技術の創出可能性や利用可能性を生み出せることをモデルで示している。なお，ここでいう演繹的な社会的動機とは，社会的に共有されている問題が明確に存在し，それを解決しようとすることであり，帰納的な社会的動機とは，非明示的に社会で形成・蓄積されている問題を解決しようとすることである。それに対して，社会的に共有された問題が未熟であるか存在しないまま活動を開始する場合が，個人的動機に当てはまる。それゆえ，個人的な動機を出発点とする場合は，アブダクティブな提案となりやすく，社会的動機からは生まれないような革新的なものが生み出される可能性が高くなる。

　さらに，そのような個人的な動機から生み出されたものは意外にも，市場でも許容されると言われている（水越, 2012）。一般的には，ユーザーの話を全く聞かずに，自分の信念だけに従って作ったものや，「自分がこんなに感動するのだから，世の中の人々も感動するに違いない」などの根拠のない自信から作ったものは，独り善

---

4 これらの議論は結局のところ，「ニーズ（必要なもの）からウォンツ（欲しいもの）へ」という，古典的なマーケティングの議論に還元することもできそうである。そのような観点からは，デザイン思考がニーズ志向で，アート思考がウォンツ志向ということになる。

がりに陥りやすく，市場で受け入れられないリスクが高いと考えられる。しかし，そのような一見独善的なものが意外にも受け入れられる理由は，面白さや意外性などの追究は，きわめて主観的で個人的な作業だからである。そのため，自分自身が評価者や判断者になることが可能（あるいは，自分自身の認識を担保として突き進むことが可能）なのである。つまり，時として，無為自由に始めた方が物事の本質に近づける場合があるのである。

　ただ，そうはいっても，個人的な動機から生まれるアートのようなものは，すべてが即座に受け入れられるわけではない。むしろ，革新的である分，すぐには受け入れられない場合がほとんどである。そのため，以下の記述にもあるように，価値観を共有する輪を徐々に広げていくなどの地道な努力が必要になるとされている。

　　　「アートは，大量生産品ではなく，最初，大衆的な存在でもなく，また誰もが必要とするものではありません。嗜好性が強く，見る人を選ぶものです。そういったものを宣伝するのに，マスメディアを使う必要は全くないのです。（中略）むしろクローズドな（閉じられた）場でもいいので，価値観を共有するプロセスが必要で，それから徐々に情報が外に拡がっていき多くの人が知っていくという流れがいいのです」（秋元, 2019, 135頁）。

　一方，経営学の見地から見た場合，ここでいう個人的な動機とは，内発的動機づけ（intrinsic motivation）と読み替えることができそうである。内発的動機づけとは，活動すること自体がその活動の目的であるような行為の過程であり，活動自体に内在する報酬

（例えば，達成感や自己成長の実感など）のために行う行為の過程
と定義されている（Deci, 1975）。つまり，両者はともに，人間の
内面で自発的に沸き起こるものであり，嗜好や好奇心，自己満足な
どの主観を原動力にしているなどの多くの共通点を有している。

　さらに，イノベーション研究では，この内発的動機づけがイノ
ベーションに不可欠なものとされてきた[5]。例えば，Davila（2003）
は，それが特に革新的なイノベーションにとって重要であること
や，強過ぎる金銭的なインセンティブは，組織から管理されている
という意識を抱かせるため，社員の内発的動機づけにマイナスに作
用することがあることなどを明らかにしている。同様に，Busenitz
（1999）や Shane and Venkataraman（2000）も，周囲からの承認な
どの金銭が直接絡まない報酬の方が内発的動機づけにプラスの影響
を与え，イノベーション活動を活性化させることなどを明らかにし
ている。その他，ユーザーイノベーションに登場するリードユー
ザーも，内発的動機づけによって新製品の開発を行う者である
（von Hippel, 2005）。彼らは，自らの便益のために進んで自己投資
を行う。しかも，彼らの作るものには革新的なものが多いとされて
いる。

　このように，経営学のイノベーション研究では，内発的動機づけ
が重要になることや，それが起点となって生まれるイノベーション
が多いことなどが明らかにされてきた。さらに，武石・青島・軽部
（2012）では，そのような特定の個人に宿った動機のことを「固有
の理由」と呼び，それが組織内で徐々に受容され，やがてはイノ
ベーションへと結実するプロセスが明らかにされている。イノベー
ションは現代アートと似て，個人的な動機から始まることが多い。
しかも，それは革新的な提案であることが多いため，社内でもなか

---

[5] イノベーション研究以外の戦略論の領域
　などでも，同様の主張がなされている。
　例えば，Mintzberg（1994）は，戦略の
構想と実行は，「何を成し遂げたいか」
という個人の信念とコミットメントが重
要であると述べている。

なか理解されず，社会にもすぐには受け入れられないことが多い。そのため，現代アートと同様に，固有の理由を組織の理由へ，さらには社会の理由へと段階的に広げていく正当性の獲得プロセスが重要になるのである。

　このように見ていくと，アート思考はイノベーションと親和性が高い概念であることが窺える一方で，イノベーション研究がこれまで明らかにしてきたこととの違いをほとんど見出すことができない。もちろん，他人モードに陥りやすい実社会やビジネスマンに対して，再び自分へと注意を引き戻す警鐘としての役割は大きいものの，経営学的に見た場合のオリジナリティはほとんど見当たらないのである。

Ⅲ. 問題提起について

　前述したように，デザイン思考では，厄介な問題をいかにして創造的に解決するかが大事とされてきた。それに対して，アート思考では，いかにして人々の常識や価値観を揺さぶり，議論を巻き起こすような問いかけを行えるかが大事とされている。つまり，それは問い志向であり，可能性を前に進めるための取り組みである（Whitaker, 2016）。

　そして，そのような取り組みは，スペキュラティヴ・デザイン（speculative design）とも呼ばれている。スペキュラティヴ・デザインとは，直訳すると思索的なデザインとなるが，具体的には，社会に対する問題の投げかけや，起こり得るかもしれない未来を暗示するためのデザインのことである（Dunne and Raby, 2013）。この

概念は，ロイヤル・カレッジ・オブ・アートの Anthony Dunne が提唱したもので，デザインという言葉を冠しているものの，その中身はアートに近い。彼は著書の冒頭で，次のように述べている。

　「デザインと聞くと，ほとんどの人は問題解決のためのデザインを思い浮かべる。（中略）しかし，（中略）デザインには別の可能性もある。デザインを物事の可能性を"思索"（speculative design）するための手段として用いるのだ。（中略）従来とは違うあり方について話し合ったり検討したりする場を生み出し，人々が自由自在に想像を巡らせられるよう刺激する」（邦訳 27 頁）

　実際に，デザイナーはこれまでも，モーターショーなどの見本市でアドバンスト・デザインなどを手掛け，将来の製品ビジョンを提示してきただけでなく，様々な場面で社会や市場の未来像も構想し，それらを可視化してきた（Gorb, 1990; 赤沢, 1991）。その意味で，スペキュラティヴ・デザインとは，かつて袂を分かったアートとデザインの再接近であり，デザイナーのアーティストとしての側面を強調するものである（補論⑤参照）。

　さらに，Dunne and Raby（2013）は，「PPPP 図」と名づけた図を用いて，スペキュラティヴ・デザインの役割を視覚的に説明している（図表3-1参照）[6]。この図は，横軸に「時間」，縦軸にその事象が「起こり得る可能性」をそれぞれ配置し，未来は一本の道ではなく，スペクトラム状に広がっているということを示したものである。また，起こり得る可能性が高い順に未来を，probable future（起こりそうな未来），plausible future（起こってもおかしくない未

[6] この「PPPP 図」という名称は，probable future, plausible future, possible future, preferable の4つの頭文字をとったものである。

来)，possible future（理論上は起こり得る未来）の3つに大別している。そして，スペキュラティヴ・デザインとは，この数多ある選択肢の中から，思索を通じて自分にとって望ましい（preferable）未来を提示することだとされている。

　このように，Dunne and Raby（2013）は，様々な未来のシナリオを思索し，そこから自らにとって望ましい未来を見つけ，それを世の中に問いかけていくことの重要性を訴えている。ただし，その大部分は抽象的な概論の提示と簡単な事例の紹介であり，具体的な方法論についてまでは踏み込んでいない。それに対して，鷲田（2016）は，スキャニングと呼ばれる手法を用いた未来洞察の方法を提示している。ここでいうスキャニングとは，不確実で非連続な未来の芽を「広く浅く」探る手法のことで，スタンフォード・リサーチ・インスティテュートにおいて1970年前後に発明された。

　この方法では，まず，「今はまだ小さな動きに過ぎないが，将来大きな変化が起こる予兆かもしれない」と感じたニュースや記事などを100〜200本集めるところから作業が始まる。続いて，それらを要約したり，それらにコメントやタイトルをつけたりする（これ

図表 **3-1**　PPPP 図

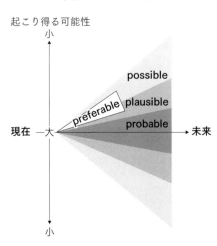

出所：Dunne and Raby（2013），邦訳 31 頁に一部加筆して引用。

らの資料はスキャニングマテリアルやアイデアマテリアルなどと呼ばれる）。最後に，それらのマテリアルを自らの気づきに応じてクラスター化し，それぞれにタイトルをつける（ここで導出されたものは社会変化仮説などと呼ばれる）。

　加えて，佐宗（2019）は，それらを文章や文字の形に留め置かずに，可視化した上で思索したり，問いかけたりすることの重要性を指摘している。なぜなら，可視化することで，自身の考えの精度が高まるだけでなく，情報共有も促進され，受け手からの反応が良くなるからである。自らが望む主観的な世界を世の中に問うには，まずはそれが受け手に正確に伝わることが重要になる。その点，文章だけでは，10人いれば十様にイメージされる危険性があるため，正確な意思疎通を図ることは難しい。その意味で，デザイナーでなくとも，自身の思いを可視化することが大事になるのである。

　一方，経営学の見地から見た場合，それらはエフェクチュエーション（effectuation）に類する議論として読み替えることができそうである。エフェクチュエーションとは，起業家研究から生まれた概念で，優れた起業家が用いている思考パターンをモデル化したものである（Sarasvathy, 2008）。この概念がアート思考に似ているとされるのは，起業家もアーティストと同様に0から1を生み出す存在であることや，実際に資産評価額が10億ドル以上の非上場企業（いわゆる，ユニコーン企業）の創業者の21％がアート，デザイン，音楽などのクリエイティブなバックグラウンドを持っているからである[7]。

　さらに，優れた起業家は0から1を生み出す際に，目標からスタートして，それを達成するための手段を選ぶという教科書的なアプローチは採用しないとされている。それとは正反対に，まずは自

7『Design in Tech Report 2016』。

分の手札の中から資源になりそうなものを探し出し，それらを使って何ができるのかを考えることで可能性を広げ，その可能性の中から望ましい目標を選び取ろうとする。つまり，彼らは，未来に対してそれが「どうなるのか」という受け身の姿勢で向き合うのではなく，それを「どうしたいのか」という能動的な姿勢で臨もうとするのである。このような姿勢が，アート思考の問題提起の考え方（特にスペキュラティヴ・デザインの考え方）と類似している。

　ただ，その一方で，エフェクチュエーションを巡る議論では，アート思考のスキャニングのような具体的な方法論についてはあまり議論がなされてこなかった。通常，経営学では，「何をすべきか」についての指示は的確に行うものの，「どのようになすべきか」についてはあまり詳細にまで踏み込もうとしない。それらの方法を考えるのは，専ら実務家の仕事とされてきたからである。その意味で，経営学的な見地から見たアート思考のオリジナリティとは，問題提起に関する具体的な方法論にまで踏み込んだところにあるといえるかもしれない。

IV. アート思考に対する批判

　最後に，ここでは，アート思考に対して現時点で考えられる批判を提示してみたい。アート思考は登場してからまだ日が浅く，それほど多くの批判が寄せられているわけではない。しかし，少なくとも次の3点は指摘することができそうである。

1. 直感やビジョンの神話

　1つ目の批判は，直感やビジョンを巡るエピソードには，創作や後づけに過ぎないものが多いのではないかというものである。つまり，エビデンスの信憑性に疑義があるのである。確かに，直感やビジョンの重要性を訴える次のような記述には，それなりの説得力がある。特に成功した実務家のエピソードは重みがある。

> 「世界をあっと言わせた画期的な製品やサービスの中に，インタビューを重ねたり，緻密なマーケティング活動から生まれたものは果たしてあったでしょうか」（増村, 2018, 103頁）

> 「（株式会社スマイルズを創業した遠山正道氏は）個展での体験を通じて，ビジネスにおいても，まるでアートを生み出すように，自分がやりたいことを起点に未来を構想し，それに向かって実践していくことの重要性に気づいていきます」（電通美術回路編, 2019, 20頁）[8]。

　しかし，そのような著作の中で成功例としてしばしば取り上げられるアップルの Steve Jobs や彼の生み出した iPhone のエピソードは，本当にアート思考を体現したものなのであろうか。以下の文章は，Isaacson（2011）から抜粋した実際の開発プロセスである。

> 「iPad の企画は iPhone より先に始まった。iPad の企画は，マイクロソフトがネットパソコンとして，タッチペンタイプのスレート PC のコンセプトを提案したのを受けて，アップルと

---

8 カッコ内は筆者が補足した。

してもネットパソコンを提案する必要を感じたことから始まった。ただし，Jobsは，タッチペンタイプはユーザー体験として良いとは思えなかったので，指で操作するアイデアを思いついた。ただ，アップルにはそれを実現する技術がなかったため，それを持っているベンチャー企業（フィンガーワークス）を買収して，メンバー全員をアップルの社員にした。

　その一方で，当時のアップルでは，iPodが大ヒットしていた。加えて，その編集機能をパソコンに組み込んでいたため，iPodが売れるとアップルのパソコンも売れるという好循環が生まれていた（当時のiTunesはまだWindowsには対応していなかった）。しかし，携帯電話が進化してデジタルカメラを飲み込むようになると，次はiPodも携帯電話の餌食になるとJobsは直感した。どうせ食われるなら，逆にiPodから携帯電話を取り込めばよいと考え，開発中のiPadのメンバーから，iPodを応用したiPhoneの開発チームを編成した。携帯電話の方が進化するスピードが速いので，iPadよりiPhoneの開発を急いだ。そのため，2007年にiPhoneが発売され，2010年にiPadが発売されるという順番になった。」(Isaacson, 2011，35章・37章より筆者が抜粋・補足・要約した)

　この文章を読む限り，iPhoneの開発は始めから「携帯電話のコンピュータ化」などの明確なビジョンを持って進められてきたわけではないことが窺える。むしろ，ライバルであるマイクロソフトの新型PCの開発着手と，携帯電話の急速な進化という2つの事象の出現により，受け身的に始まったと考えられる（**図表3-2**参照）。そして，タッチパネル方式の新型PCの開発計画と，iPodに電話機

能を持たせる計画とがたまたま同時期に立ち上がり，それらが上手
く結びついたことで iPhone が誕生したのである。

　このように，実際の開発プロセスを追いかけてみると，「自分が
やりたいことを起点に未来を構想し，それに向かって実践していっ
た」というよりは，むしろ，それは受け身的に始まり，競合他社や
競合製品との差別化を模索する中で生み出されてきたことが分か

図表 **3-2**　iPhone 誕生の経緯

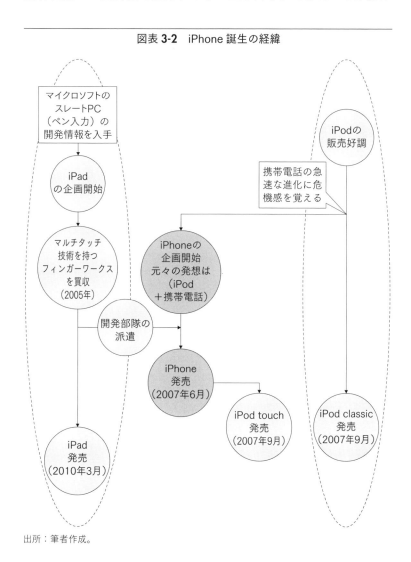

出所：筆者作成。

る。つまり，iPhone の開発ではアート思考の著作で語られるほど，アーティスティックで直感的なアプローチがとられてきたわけではないのである（ペン入力ではなく，タッチパネル式の入力方法を選択した点には直感が活かされているものの，その他の行動の大部分は合理的に説明することが可能である）。

その意味で，アート思考の重要性を説く著作の多くは，一次データや開発記録などの二次データに触れることなく，革新的なアウトプットだけを見て想像でストーリーを作り上げている可能性がある。確かに，2007 年当時に iPhone を見れば，既存の携帯電話（いわゆるガラケー）とのつながりが見えにくいため，どうしてこのような革新的な製品を思いついたのかが分からず，直感や天才的なインスピレーションに答えを求めてしまいがちになる。しかし，開発プロセスを丹念に追いかけてみると，それなりに合理的な説明がつくことも多い。このようなことは iPhone だけに限った話ではなく，多くの革新的な製品に当てはまる話である。

2. ジャンプできても戻ってこられない

2つ目の批判は，ジャンプできても戻ってこられないのではないかというものである。アート思考を上手く活用すれば，現在の延長線上にない非連続な未来を提示することができるかもしれない。しかし，それはあくまで問いを発するためのものであり，その問題を解決することは絶対視されていない。つまり，それだけでは，思考をジャンプさせるためのトレーニングに過ぎず，知的興奮は得られても利益は生み出さないのである。この点が，実務上のボトルネックとなる。実践に活きない力を鍛えても意味がないからである。そ

のため，それを実務で使えるようにするには，現実離れした未来からスタートしながらも，最終的には，目の前にある現実を動かせるような工夫が必要になる。

　そこで，登場するのがバックキャストと呼ばれる方法である。バックキャストとは，望ましい未来の姿から逆算して，現在の自分がとるべき行動を決めるという思考方法であり，アート思考とは正反対の論理思考である（Lovins, 1976-1977）。つまり，直感的に導き出した未来を基に，そこに至る筋道を事後的に論理的に組み立て，その未来を実現可能なものにしていく作業である。

　さらに，佐宗（2019）や細谷（2011）では，メタファー（比喩）やアナロジー（類推）を駆使しながら，直感的に導き出した未来を論理的に落とし込んでいく具体的な方法が示されている[9]。例えば，未知のイノベーションのアイデアを説明する場面では，「○○に似ている」や「〜のようなもの」などのメタファーを多用して，分かりやすく表現するよう努める。また，自分のアイデアに類似するものを積極的に探し出しては，それに基づいて発想の整理を行う。類似するアイデアは，一見すると無関係な場所に潜んでいることも多い。しかも，自分たちの業界では未経験であっても，他の業界では既に知見が積み上げられている場合もある。そのため，構造的に似ているものを意識的に探し出すことによって，未知のものでも論理的に説明できる可能性が高まるのである。

　しかし，それでも，直感を論理に落とし込むのは難しいのではないかという疑念は残る。つまり，仮に上手くジャンプすることができたとしても，バックキャストに失敗して戻ってこられないことが危惧されるのである。そもそもバックキャストを上手く行うには，

9　佐宗（2019）や細谷（2011）は，直感を論理に落とし込むための手法としてアナロジーを捉えているが，Papanek（1972）や Cross（1997）などのデザイン思考研究者は，それを創造的なアイデアを生み出すためのツールとして捉えてきた。Papanek はそれをバイソシエーション（bisociation）と呼んでいる。また，Cross は，その部分こそがデザイナーに特有の思考プロセスであると考えている（**補論①**参照）。

これまで述べてきたように，様々な事象にアンテナを張り，膨大な量の情報を集めて思索にふけったり，試行錯誤したりすることが必要になる。しかし，これらを実行することはそれほど容易ではない（少なくとも，数回のワークショップで習得できるものではない）。それらは一種の暗黙知のようなもので，この部分に難しさがあると考えられるのである。

　加えて，アート思考には，アーティストが本来持っている突破力が欠落している（電通美術回路編, 2019）。Heidegger（1935）も言うように，アーティストは単に作品を生み出すだけでなく，その作品が存在できるように世界を変えてしまおうとする。つまり，自らの価値観を実社会に認めさせようと（あるいは，自らが望む未来を実現させようと）格闘するのである。同様に，直感に基づく目標を，実現可能な正しい目標にするには，バックキャストのスキルだけでなく，それを正しく組み立て，何があっても実行するという強い意志が必要になる（Duggan, 2007）。最初から正しい目標などそもそも存在せず，誰かがそれに懸命に打ち込むことで，結果として正しい目標になるのである。しかし，アート思考には，このようなマインド部分が抜けており，ここにも懸念材料がある。

3. そもそもジャンプできない

　3つ目の批判は，自分たちだけでは発想の大ジャンプができないのではないかというものである。こちらは，前述の「ジャンプできても戻ってこられない」という懸念に先立つもので，そもそも上手くジャンプすることすらできないのではないかという懸念である。

　スキャニングの手法を用いたワークショップなどでも，新奇性の

乏しいものや地に足のついたものが多く生み出されているとの報告
がある（鷲田・三石・堀井, 2009）。そして，そこで語られる原因は
主に，ワークショップの時間的な制約や議論の運営テクニックなど
に関するものであるが，それら以外にも懸念されるのは，アート思
考には，アーティストが本来持っている忍耐力が反映されていない
点である（電通美術回路編, 2019）。

　アーティストが作品を生み出し続けることは並大抵のことではな
い。実在していないものを考え出す行為は孤独で辛く，しんどいも
のだからである。また，全く新しいものを生み出す場合，常識に反
したことを考えなければならないので，大量の情報を収集し，それ
を基に考え，試行錯誤するなど，膨大なエネルギーが必要になる。
実際のアーティストは，調査やリサーチを入念に行った上で作品に
取り組む[10]。彼らは何かについてリサーチするとなると，現地に赴
くのが当然で，徹底的に調べ，誰よりも詳しくなろうと努力する。
そして，いろんなテーマでリサーチを行ううちに発想の引き出しが
増え，新しいリサーチに以前のものを融合して作品にすることも可
能になるのである。

　そして，それらの行為を支えているのが，前述した忍耐力であ
る。しかし，その部分をノウハウとして一般化することは難しい
（電通美術回路編, 2019）。その結果，アート思考では，アーティス
トの強さの源泉である忍耐力は切り捨て，形式知化しやすい認知ス
タイルや思考方法（アーティストのように考えるということ）だけ
を切り取って定式化し，普及させようとしている。つまり，過度に
内的な思考や考えを掘り下げる方向に向っており，アイデア発想法
や創造法に近いものになってしまっているのである。

　したがって，アート思考を学べば，アーティストの発想の「型」

10　『Enjoying Life with Art』。

をある程度は身につけられるかもしれないが，それだけでは，実在していないものや全く新しいものを考え出すことは難しいのではないかという疑念が残る。つまり，忍耐力に裏打ちされた大量のインプットや思索を欠いたままでは，発想の大ジャンプはあまり期待することができないのである。

また，仮にそうであるならば，自分たちの忍耐力を今から鍛えるよりも，むしろアーティストを直接活用する方が効率的とも考えられる。具体的には，アーティストを社内に招き入れて共同で問題提起を行ったり，彼らが作品の制作過程で提起した問題を企業側が読み解く取り組みを行ったりすることなどが考えられる[11]。なお，この点に関連して，欧州（特に北欧）では最近，アーティスティック・インターベンション（artistic intervention）という概念が流行の兆しを見せている。

これは，企業経営へのアートの介入のことであり，アートやアーティストの活用を通して企業内に刺激を与え，学習や変化を促そう（あるいは，社内に創造的な風土を取り込もう）とする動きのことである（Berthoin Antal, 2012）。学術雑誌の『Journal of Business Research』では，2018年4月号において，このアーティスティック・インターベンションの特集が組まれている。そこでは23本の論文が掲載され，社内とアーティストの間を取り持つゲートキーパーやファシリテーターの重要性などが指摘されている。

日本でも同様に，2000年代以降，斬新な発想を求めてアートやアーティストを活用する動きが顕在化してきている。例えば，松下電器産業（現・パナソニック）は，2000年代初頭から現代アーティストと協働で，炊飯器「すいはんき」や掃除機「NEX」，加湿器「bloomin'」などを発表してきた（赤池, 2003）。また，最近ではメ

11 『日経デザイン』2019年1月号，46頁。

ディア・アーティストとともに，新しい映像と音の文化を創り出す
「AMP（Ambient Media Player）」の開発に取り組んでいる[12]。その
他にも，ヤマハでは，アーティストと協働で全く新しい電子楽器
「TENORI-ON」を開発したり（電通美術回路編, 2019），視覚情報
を音に置き換える「emoglass」を開発したりしている（畑,
2017）[13]。

V. 小括

　本章では，アート思考の持つ「自分モードを大事にすること」と
「問題提起を行うこと」という2つの特徴に焦点を当て，その新奇
性の有無や様々な批判について議論してきた。

　まず，前者の自分モードを大事にすることでは，ユーザーの不満
の解消や彼らに提供可能な便益ではなく，まずは自分の思いを大事
にすることや，そこから生まれる特殊な価値観を社会に広げていく
ことの重要性が強調されてきた。同様に，経営学のイノベーション
研究でも，人間の内面で自発的に沸き起こる内発的動機づけが重要
であることや，それが起点となって生まれるイノベーションが多い
こと，さらには個人的な動機を組織的・社会的なものへと段階的に
広げていくプロセスが重要になることなどが明らかにされてきた。
そのため，この部分に新奇性は見られない。

　一方，後者の問題提起を行うことでは，既存の価値観や常識を
疑って可能性を広げることの重要性が強調されてきたが，それは，
経営学の起業家研究にいうエフェクチュエーションの考え方と類似
している。そこでも，優れた起業家は「手持ちの手段から何ができ

---

12 『美術手帖』2017年9月30日。　　13　ヤマハのケースの詳細については，補
　　　　　　　　　　　　　　　　　　　　論⑥を参照のこと。

るかを考えることで可能性を広げ，その可能性の中から望ましい目標を選び取る」というアプローチを採用することや，未来が「どうなるのか」ではなく，それを「どうしたいのか」という能動的な姿勢で臨むことなどが指摘されてきた。そのため，この部分にも新奇性はほとんど見られない。

ただ，その反面，エフェクチュエーションを巡る議論では，アート思考で示されたような，スキャニングやバックキャスト，メタファー（比喩）やアナロジー（類推）などの，発想を飛ばしたり直感を論理に落とし込んだりするための具体的な方法論についてはあまり議論がなされてこなかった。その意味で，アート思考のオリジナリティは，問題提起に関する具体的な方法論にまで踏み込んだところにあるといえるかもしれない。

また，アート思考にはいくつかの批判があるが，その内容は以下のようなものである。1つ目は，直感やビジョンを巡るエピソードには，創作や後づけに過ぎないものが多いのではないかというものである。事実，アート思考の重要性を説く著作の中には，本当に一次データや二次データにあたって書かれたのか疑わしいものがある。革新的なアウトプットだけを見て，想像でストーリーを作り上げているようなものも散見されるのである。

2つ目は，ジャンプできても戻ってこられないのではないかというものである。アート思考では，前述したように，直感を論理に落とし込むための様々な方法論が提示されてきたが，それでもその実行は難しいのではないかという懸念がある。なぜなら，それらの運用は暗黙知的であるだけでなく，その実行には何があっても突破しようとする強い意志が必要になるからである。アート思考は，アーティストの認知スタイルや思考方法のような形式知化しやすい部分

だけを切り取って定式化したものであるため，そのようなマインド
部分が抜け落ちてしまっている。

　そして，3つ目は，自分たちだけでは発想の大ジャンプができな
いのではないかというものである。これも2つ目の批判と同様に，
アート思考には本来，発想のジャンプに必要なマインド部分が抜け
落ちてしまっているというものである。アーティストの未知のもの
を生み出す行為を支えているのは，大量のインプットや思索を可能
にする彼らの忍耐力であるが，アート思考ではそのようなマインド
部分を再現することができない。

補論⑤ デザイナーの アーティストとしての側面

　ここでは，デザイナーのアーティストとしての側面をいくつか紹介してみたい。本論でも述べたように，デザイナーはこれまでも問題解決のみならず，問題提起や未来のビジョンを提示するなど，企業内でアーティストのように振る舞ってきた。

　例えば，自動車企業のデザイナーは，モーターショーなどの見本市でアドバンスト・デザインなどを手掛け，将来の製品ビジョンを提示してきた（Gorb, 1990）。また，重電企業などでは，様々な場面で社会や市場の未来像も構想し，それらを可視化してきた。そして，そのような取り組みを日本で初めて組織的に行ったのが，東芝のコンセプトエンジニアリング開発部（以下，CE開発部とする）である（赤沢，1991）。CE開発部はデザインセンター（デザイン組織の名称）が中心となって1988年に設立され，都市や地域の未来像を提示するとともに，研究開発にも刺激を与えてきた[1]。CE開発部はその後，バブル経済崩壊のあおりを受け解散するが，同様の取り組みは，現在の日立製作所などでも行われている。同社の社会イノベーション協創センタには，デザイン本部（デザイン組織の名称）が丸ごと移管され，そこでは社会の未来像を描き出す役割を担っている[2]。

　その他にも，デザイナー出身の大学教員やフリーランスのデザイナーによる問題提起も活発に行われてきた。例えば，東京大学生産技術研究所の教員でデザイナーでもある山中俊治氏は，同大学の竹内研究室と協働で，細胞を用いた新しいものモノ作りの展

[1] 『日経ビジネス』1991年4月8日号，46-48頁。

[2] 社会イノベーション協創センタが新設されたのは，2015年4月のことである（浅川，2015）。

示会（例えば，細胞を用いた彫刻や器の造形）などを開いている[3]。彼によると，「時にはネガティブなものを見せて，こんな未来が来たらどうする？　と挑発する」ことや，「すぐには役に立たなくても，テクノロジーの現在の到達点を目に見える形にしたり，わけの分からない技術を形にしたりすることで，何かが動き出す」ため，「技術がどうなるか分からない状態からデザイナーが入っていき，新しい価値を作っていくこと」が重要になるとしている。同様に，フリーランスデザイナーの田子學氏も三井化学と協働で，MOLp（そざいの魅力ラボ）を立ち上げ，素材の新たな可能性を見出すために，素材を様々な形に加工してインテリアライフスタイル展やミラノサローネなどに出展している（田子・田子, 2019）。

　さらに，最近では，経済産業省が今後の日本に必要な高度人材として，ビジョンデザイナーという概念を提示している。ここでいうビジョンデザイナーとは簡単に言うと，新しいビジョンを提示し，向かうべき方向性を導くデザイナーのことで，より正確には以下のように定義されている[4]。

・社会の動きやテクノロジートレンドから憶測される未来の姿を想像，提示する。
・人や社会のあるべき姿への問いを投げ掛けながら未来の体験をプロトタイピングし，表現する。
・社会を巻き込みながら，いま現在の世の中の価値観，信念，考え方にとらわれず様々なオルタナティブな選択肢の可能性を思索・実験していく。
・特に高度デザイン人材の中でも「アート」の側面が強い人材。

---

3 以下のカッコ内の発言は，『デザイン×経営セミナー: 未来を拓くデザインとは』（2019年2月13日：於アリストンホテル神戸）での山中氏の発言内容を抜粋したものである。

4 経済産業省「高度デザイン人材育成ガイドライン」2019年3月29日，71頁。

補論⑥ ヤマハ株式会社と明和電機のケース

　ここではアート思考を活用して製品開発を行ってきた企業（あるいは，ユニット）のケースを取り上げてみたい。具体的に，ここで取り上げるのは，ヤマハ株式会社（以下，ヤマハとする）と明和電機である。

　前者のヤマハは，1897年に静岡県浜松市で創業した老舗楽器企業であり，100種類以上もの楽器を手掛ける世界最大の総合楽器メーカーである[1]。一方，後者の明和電機は，アーティスト自身がメーカーを演じている芸術ユニットで，これまで様々なユニークな製品（主に楽器関連）を生み出してきた（土佐，2002・2004）。明和電機の従業員は，土佐正道氏と土佐信道氏を中心とする数人のメンバーからなる[2]。

1. ヤマハ[3]

　本論でも触れたように，ヤマハではこれまで，アーティストと協働で全く新しい電子楽器「TENORI-ON」を開発したり（電通美術回路編，2019），視覚情報を音に置き換える「emoglass」を開発したりしてきた（畑，2017）。

　まず，前者のTENORI-ONとは，2008年5月に発売された音と光を同時に楽しむことができる新しい電子楽器のことである（電通美術回路編，2019）。その特徴は，譜面に関する知識や楽器演奏の経験がない人でも，マトリックス状に配置されたLEDの

---

1 『ヤマハ株式会社ホームページ』。

2 正道氏と信道氏は兄弟で，現在，兄の正道氏は明和電機を退社している。

3 一般の企業と比べ，ヤマハの社員には楽器を演奏できる人が多く，ある意味で，会社全体がアーティスト集団という一面を持っている。

ボタンを操作して作曲や演奏ができるところにある。この製品は，ヤマハとメディア・アーティストの岩井俊雄氏が協働で開発した[4]。開発のそもそものきっかけは，岩井氏のアート作品（技術と音，光を結びつける作品）に惹かれたヤマハの西堀佑氏が彼に声をかけたことである。二人は，2002年の6月頃に新しい楽器を作ろうとアンダーグラウンドで開発を開始する。そこでは，岩井氏がラフスケッチを描きつつ，「楽器ありき」ではなく「音楽ありき」の姿勢（音楽の新しい楽しみ方をどう提供していくか）で企画が進められていった。

　そして，2003年の年末には一次試作（どんな楽器にするのかという企画）が完成し，2005年3月には，機械的な部分の課題をクリアした二次試作も完成する。さらに，その年の夏には，試作機を持って欧米の電子楽器やアート関連のフェスティバルに参加し，注目を浴びるようになる。しかし，製品化にはなかなかゴーサインが出なかった。斬新さゆえに，市場で受け入れられるかどうか判断がつかなかったからである。ところが，その年の秋に試作機がグッドデザイン賞の特別賞を受賞したことで事態は急変する。2006年1月には量産設計が開始され，2007年9月には英国でテスト販売が行われる。そして，2008年5月にはネット販売が始まった[5]。

　一方，後者のemoglassとは，それをかざすことで文字が音声に変換されるルーペ状の装置のことである（畑，2017）。しかも単に読み上げるだけでなく，太い文字は威圧的な大声で，細い文字はささやくような小声で読み上げるなど，抑揚をつけることができる（その他にも，落語口調で読み上げたり，楽譜を見せると歌ったりすることもできる）。

---

4 本ケースの時系列の部分は，『日経ものづくり』（2008年9月号，68-71頁）を参考にしている。

5 販売価格は12万円と安くはないものの，発売当初は応募が殺到して抽選販売となった。抽選倍率は5〜6倍くらいと言われている（『日経ものづくり』2008年9月号，68頁）。

　これは「エモーションのスイッチ」をテーマに開催したコンペで，グランプリを受賞した作品を基に制作されたものである[6]。ヤマハではアーティストとの協働を求めて，2016年にロフトワーク主催のコンペ「YouFab Global Creative Awards」の中にヤマハ賞を設け，世界中から作品を募集した。その結果，27カ国から147作品の応募があり，その中から「OTON GLASS」がグランプリに輝いた。このOTON GLASSは，アーティストの島影圭佑氏が脳梗塞で失読症になった父親をサポートするために開発したものである。

　OTON GLASSは本来，エモーショナルというよりは，課題解決型の製品であるが，視覚と聴覚が創り出す新しい体験が評価され，受賞となった。そして，そこからさらに，「視覚と聴覚のミックスによる新たな体験とそれがもたらす心の動き」というコンセプトを打ち出し，島影氏と協働で視覚的な意味や形，雰囲気を音に変換する「emoglass」を創り出した（神谷, 2017）。このプロトタイプは2017年3月に渋谷ヒカリエで展示され，2,000人以上の来場者が手に取った[7]。

　ただし，これらのケースは，アーティストとの協働が原動力になっているため，厳密に言えば，アート思考というよりはアーティスティック・インターベンションのケースに該当するといえる。

---

6 『日経デザイン』2019年1月号，54頁。

7 ただし，このemoglassは技術的問題などがあり，プロトタイプを作ったところで終了している（『日経デザイン』2019年1月号，54頁）。その一方で，オリジナルのOTON GLASSは，眼鏡チェーンを展開するJINSから出資を受け，製品化に向けて前進している（『ニュースイッチ』）。

2. 明和電機

　前述のヤマハとは異なり，明和電機が生み出してきた数々のユニークな製品群は純粋なアート思考の産物である。彼らが開発するのは，彼ら自身が「まったく役に立たない機械たち」と呼ぶように，通常の機械のような（生産性の向上などの）正当な使用目的を持たない機械である（土佐, 2002・2004）。それらは常識や論理，リニアなシステムなどからは一線を画している。代表作には，魚をモチーフにしたナンセンス・マシーン「魚器（NAKI）シリーズ」や，電動楽器シリーズ「ツクバ」などがある。

　前者の魚器シリーズは，自分を魚に，世界を魚の住む世界に置き換え，その世界観の中で「自分とは何か？」を考えるために開発された思考の補助具である（土佐, 2002）。全部で26種類の作品が作られたが，それらを眺めることで，自己の全体像を感じることができる。一方，後者の「ツクバ」は，電子情報としての音楽から，再び物質としての音楽への回帰を目指した電動楽器である（土佐, 2004）。デジタル音源全盛の時代に，あえて複雑で大掛かりな装置が必要なアコースティックな楽器作りに取り組んだ。

　なお，彼らのビジネスモデルは「作品は売らずに，二次使用で儲ける」というものである（土佐, 2002・2004）。プロトタイプである作品は売らずに，それを複製してマルチプル（作家の指示のもとに量産される芸術作品のこと）として販売する。例えば，魚器シリーズの場合は，その簡易版を「TOY-NAKIシリーズ」として販売した。これは，いわゆる美術品のレプリカやグッズとは異なり，作品と同じキャラクターを持った量産品であるため，そ

れ自身も芸術作品として位置づけられる。ただ，それらは異様な見た目や独特の質感を持つため，通常の部屋の雰囲気には馴染まない。しかし，その違和感が「日常とは?」，「常識とは?」，「人生とは?」を問いかける。それによって，人生を豊かにするための道具である。また，ツクバの場合は，それらの楽器を音源として用いて，CD やライブ，そのコンサート映像（DVD），作品集（本）の形で販売した。

第 4 章

デザイン態度

Ⅰ. はじめに

　本章では，デザイン態度（design attitude）に注目してみたい。Michlewski（2015）によると，デザイン態度とは，デザインのプロフェッショナル集団（デザイン組織）が持つ組織文化のことであり，それは次の5つの特徴を持つとされている。

　1つ目は，他の多くの人が尻込みするような，不確実性や曖昧性を積極的に受け入れること。2つ目は，人間を真に理解するために思い込みを捨て，時には自分のメンタルモデルさえも一時停止させて，深い共感に従うこと。3つ目は，五感のすべてを駆使して，現実を完全に審美的に理解しようとすること。4つ目は，遊び心を持って実験を行ったり，プロトタイプを作ったりすることを心の底から望んでいること。5つ目は，複雑で矛盾するような領域で働き，それを調整することに意欲的なこと。

　このように，デザイナーたちは不確実で曖昧な状況を受け入れるだけでなく，五感を駆使して，楽しみながら満足のいく解決策を見出しているとされているが，このような概念が注目されるようになったきっかけは，皮肉にもデザイン思考の機能不全である。第1章Ⅳ.3でも見たように，デザイン思考はプロセスであると同時にマインドセットでもあるため，デザイナーの仕事の特性を理解することなくそれを組織に導入しても，力を発揮することができない。つまり，デザイン思考を機能させるには，導入する側のマインドセットも同時に変革する必要があるのである。そして，そのマインドセットに該当すると考えられているのが，デザイン態度である。

　これらの話をコンピュータの仕組みに置き換えて考えてみると，

デザイン態度が OS で，デザイン思考はその上で動くアプリケーション・ソフトということになる。したがって，デザイン思考が組織に正しくインストールされるには，それ以前にデザイン態度がきちんと形成されている必要があるのである[1]。その意味では，デザイン態度はデザイン思考の上位概念であり，ポスト・デザイン思考の 1 つでもあるといえる。

　なお，このデザイン態度と近い概念に，クリエイティブ・コンフィデンス（creative confidence）がある（Kelley and Kelley, 2013）。これは，自分たちの創造性に対する自信を持とう，そして勇気を持って行動に移そうという一種の掛け声のようなものである。前述したように，デザイン思考では観察者の主観を信じることが必要になる。しかし，多くの企業（特に大企業）では客観性のないことを言うと馬鹿にされるかもしれないという恐怖がある[2]。それをやめよう，もっと主観に自信を持とうというのが，このクリエイティブ・コンフィデンスの骨子である。これもデザイン思考同様，IDEO によって近年提唱されている概念であり，デザイン思考を機能させる下地となるものである。ただし，この概念は啓蒙的な色合いが濃く，デザイン態度のようにきちんとした実証がなされているわけではない。

Ⅱ. 概念の変遷

　序章でも触れたように，デザイン態度は少し複雑な経緯を持つ概念である。この概念は，2000 年代初頭に 1 度登場し，2010 年代中

---

1 『Danish Design Centre ホームページ』。

2 実際，松下電器産業（現・パナソニック）の元・総合デザインセンター所長の回想録には，会社で「かっこいい」とか「美しい」などと言うと小馬鹿にされる傾向があるといった記載がある（『デザイナーたちの証言』）。また，澤田（2015）でも，社内で観察的な手法の有効性を信じてもらえないなど，現場でデザイン思考が実行しづらいことを嘆くビジネスマンの声が紹介されている。

盤以降になって改めて脚光を浴びるようになった。しかも米国で生まれ，欧州で育った概念である。

　デザイン態度は，Boland and Collopy（2004）によって初めて定義がなされた。彼らによると，新大学棟建設プロジェクトでの建築事務所との共同体験が着想のきっかけとなったとされている。ただし，その内容は，前述したような組織文化に関するものではない。それは，デザイナーが好む特異な意思決定スタイルや問題解決スタイルに注目したものである。彼らは，デザイナーが刻々と変化する状況の中で対話を重ねながら柔軟に解決策（代替案）を導き出していく姿を見て，自分たちがビジネススクールで教えている論理的に解決策を導き出す意思決定スタイルとの違いを実感するようになった。そして，彼らは，それを「デザイン態度」と名づけ，従来の問題解決スタイル（彼らはこれを「意思決定態度（decision attitude）」と呼んでいる）と対比する形でまとめた。さらには，企業がデザインの知をより効果的に活用していくためには，マネジャーがデザイン態度をよく理解して受け入れ，マネジメントに応用することが重要であると結論づけている。

　しかし，それから数年のうちに，デザイン態度は，そのような意思決定のスタイル（個人の認知レベルで起こるもの）から，組織文化（組織の中で育まれ，蓄積・保持されていくもの）へと概念の拡張が図られる。それを行ったのは，Michlewski（2008）である。さらにMichlewski（2015）では，Boland and Collopy（2004）の「デザイナーの柔軟な意思決定の仕方を理解して重んじることで，非デザイナーの人たちも彼らのようにより柔軟に振る舞うことができる」という主張から，「デザイナーの柔軟な意思決定方法のみならず，そのプロフェッションとしての文化を理解し，援用すれば，組

織がクリエイティブになれる」という主張へと拡張が図られている
（**図表 4-1** 参照）。

　もともと，Boland and Collopy（2004）では，Simon（1969）の
デザイン科学や意思決定論を理論的な拠り所としてきた。すなわ
ち，「デザインは科学であり，誰もがデザインすることができる
（普遍性を持つ）」や，「人間の意思決定行動は既知のコースを辿る
ものではなく，探索的な活動を含むものである」などとする Simon
の主張をなぞる形で，デザインを中心に置いたマネジメントの必要
性を説いてきたのである。

　それに対して，Michlewski（2015）が理論的な拠り所としてきた
のは，Schön（1983）である[3]。Schön は，デザインとは省察的実践
（reflection-in-action）であるとして，Simon の言う普遍性を一部否
定している。つまり，部分的には科学的な普遍性があることを認め
る一方で，各プロフェッションに特有の部分も存在すると考えてい
るのである。さらに，彼は Simon の意思決定論をチェスのような
良定義問題（well-defined problem）に過ぎないと批判しており，

図表 4-1　デザイン態度概念の変遷

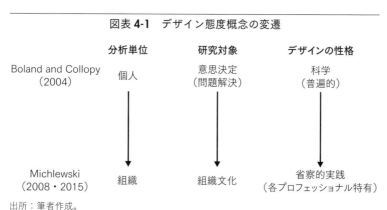

出所：筆者作成。

3 Schön を巡る議論の詳細については，**補
論①**を参照のこと。

デザインが扱うのはもっと厄介な問題であると主張している。つまり，Schön の言うデザインとは，Simon のような問題解決に留まらず，状況との対話や問題の定義までも含めた幅広い概念であり，彼が描き出そうとしたのは，それぞれのプロフェッションが自分たち独自のやり方を絶えず模索しながら，その厄介な問題に能動的に立ち向かっていく姿である。

そして，Michlewski（2015）は，そのような姿のうち，特にデザインのプロフェッショナル集団に共通して見られるものをデザイン態度と定義している。概念が拡張された背景には，このように依拠する理論の変更があると考えられる。

Ⅲ. 既存のデザイン・マネジメント研究との関係

以上のように，デザイン態度は，デザインのプロフェッショナル集団が持つ組織文化であり，デザイン思考をうまく機能させるための OS のような存在であるとされている。そして，その OS としての機能を支えているのが，本章冒頭で述べたデザイン態度を構成する 5 つの特徴である。これが，デザイン態度研究の現在の到達地点である。

一方，経営学を見てみると，似たような問題意識を持つものや，それに類する議論は既にいくつか存在する[4]。特に，企業の中でデザインやデザイナーを有効活用するためのマネジメントの要諦を探る研究（以下，デザイン・マネジメント研究とする）には，似たような問題意識を持つものが多い。それでは，デザイン態度は，それ

4 ここで組織文化を扱う Michlewski の研究を経営学でないものとして扱っている理由は，研究の貢献がデザイン思考研究の分野に偏っているためである。Michlewski（2008・2015）では，確かに経営学の先行研究にも触れているものの，その回数は少なく，議論の内容も希薄である。それに対して，補論①で見たようなデザイン思考研究については，引用の回数も多く，議論の内容も濃厚である（詳細は補論⑦を参照のこと）。

らの議論とどのような関係にあるのであろうか。あるいは，それの
どこにオリジナリティや新奇性を見出すことができるのであろう
か。以下では，類似する 2 種類のデザイン・マネジメント研究との
比較を通じて，これらの問いに答えてみたい。

1. デザインの有効活用を可能にする企業文化

　前述したように，経営学のデザイン・マネジメント研究にもデザ
イン態度に類似する研究はいくつか存在する。そして，そのうちの
1 つが，Dumas and Mintzberg（1989）である。彼らの研究の特徴
は，デザインを有効活用するには最終的に企業文化が大切になるこ
とを指摘している点と，その発展プロセスが明示されている点にあ
る[5]。

　彼らによると，デザインの有効活用を可能にする企業文化は，突
如として生じる場合と，そこに向かって徐々に進行していく場合の

図表 4-2　デザイン・マネジメントの発展過程

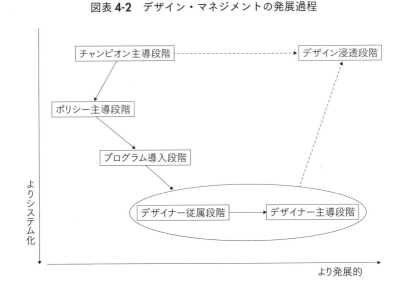

出所：Dumas and Mintzberg（1989）p43 より翻訳して，一部を修正して引用。

2種類があるとされている（**図表4-2**参照）。さらに，後者の場合，そのルート上には6つのステップ（段階）があるとされている。Dumas and Mintzberg（1989）では，それぞれのステップを，チャンピオン主導段階（design champion），ポリシー主導段階（design policy），プログラム導入段階（design program），デザイナー従属段階（design function: lagging），デザイナー主導段階（design function: leading），デザイン浸透段階（design as infusion）と呼んでいる。

　1つ目のチャンピオン主導段階とは，デザインに情熱を持った特定の人物（チャンピオン）によってデザインのマネジメントが行われている段階のことで，属人的な傾向が強い。2つ目のポリシー主導段階とは，制度などは未整備ながらも，明文化されたポリシーに基づいて，デザインのマネジメントが行われている段階のことである。3つ目のプログラム導入段階とは，期間限定のプロジェクトなどを通じて，社内でデザインの振興が図られている段階のことを指す。4つ目のデザイナー従属段階とは，デザイン部門やデザイン審査会などの制度が整備され，マネジメントがシステム化されているものの，社内でデザイナーがそれほど主導権を発揮できていない段階のことである。一方，5つ目のデザイナー主導段階は，それとは反対に，デザイナーが主導権を発揮できている段階のことである。6つ目のデザイン浸透段階とは，従業員のすべてがデザインに高い関心を持ち，デザインが企業文化として根づいている状態のことを指す。

　彼らは，デザイン・マネジメントの多くが，チャンピオン主導段階のような属人的なものや，プログラム導入段階のような一過性のものから始まり，ポリシー主導段階のような文書による管理段階

---

5 同様に，Cooper, Junginger and Lockwood（2009）でも，デザインの価値に対する気づきの発現（Emerging Design Awareness），デザインの価値に対する気づきの成熟（Maturing Design Awareness），デザインの本質的な部分に対する気づき（Essential Design Awareness）の3段階に分けて，デザインが社内に浸透していく様子が描かれている。

や，デザイナー従属・主導段階のようなシステムによる管理段階を経て，最終的には，デザイン浸透段階のような企業文化のレベルにまで到達すると論じている。そして，この段階に至れば，製品開発だけでなく，販売や製造を担当するすべての従業員にデザインが浸透しているため，デザインの有効活用が可能になり，金銭的なフィードバックも得られるとしている。

このように，Dumas and Mintzberg（1989）では，デザイン思考という言葉は使われていないものの，より広い意味でデザインを有効活用するためには，企業文化が重要になる旨を強調しており，この部分に Michlewski（2008・2015）との共通点を見出すことができる。ただ，その一方で，相違点もいくつか確認することができる。

1 つ目は，Dumas and Mintzberg（1989）では，デザイン浸透段階への発展プロセスが提示され，動的なアプローチがとられているのに対し，Michlewski（2008・2015）では，一時点における組織文化の解明に主眼が置かれ，静的なアプローチがとられている点である（これは，本章Ⅳ.4 とも関連する）。2 つ目は，デザイン態度のように，その文化の特徴が明示されていない点である。さらに，3 つ目は，分析単位が異なる点である。デザイン態度が扱うのは組織文化（特定の準拠集団が持つ下位文化）であるのに対し，Dumas and Mintzberg（1989）で扱うのは企業文化である。Michlewski（2008・2015）では，デザインのプロフェッショナル集団が持つ組織文化を他の組織に広めることが重要と考えているのに対し，Dumas and Mintzberg（1989）では，模範となる何かがあるわけではなく，企業全体でデザインに高い関心を寄せることが重要だと考えている。そして，4 つ目は，それがデザイン態度のような実証研

究ではなく，あくまで概念的な研究に留まる点である。

2. デザインとエンジニアリングの相克と協調

　前述したように，企業にはびこる旧来型の論理思考やエンジニアリングのマインドセットのせいで，デザイン思考が機能不全に陥ることがある。デザイン思考とそれらの思考とは根本的に相性が悪いからである。経営学においても同様に，デザインとエンジニアリングの相克を指摘し，その協調の必要性を訴える研究は多い。

　例えば，Rieple（2004）や Leonard-Barton and Rayport（1997）は，デザイナーと研究者やエンジニアの間には，直感志向と論理志向という認知スタイルの違いがあり，その違いを乗り越えることは容易でないことや，それでもイノベーションを実現させるには，その違いを乗り越える必要があることなどを明らかにしている。また，Lester and Piore（2004）は，企業の活動を，合理的に説明できる筋の通った分析的取り組みと，筋の通らない曖昧模糊とした解釈的取り組みの2つに分け，デザイナーが得意とする後者のような取り組みは過小評価されやすいだけでなく，エンジニアが得意とする前者の取り組みと相性が悪いため，排除されやすいことなどを明らかにしている。

　さらに，そのような過小評価や排除を生む原因として指摘されているのが，組織構造などの制度設計の不味さである（森永，2010）。多くの企業では，デザインの重要性を声高に叫びながらも，依然としてデザインをエンジニアリングチームの下に位置づけ，エンジニアリングの一要素と見做している。そして，そのことが無意識のうちにデザインを低い地位に追いやり，デザイナーの意見を通りにく

くしている。したがって，そのような状況を克服し，デザインとの協調を促すには，まずはデザイン部門を社長直轄にするなどして，技術部門と同等以上の権限を与えることが必要になる。デザイン部門が技術部門と対等以上の力を持たないと，両者の間に良い意味での緊張関係が生まれないからである。反対に，そのような緊張関係が生まれることで，技術的な制約があったとしても，理想的なデザインを生み出すために，その壁を乗り越えることが求められるようになる[6]。

このように，経営学のデザイン・マネジメント研究では，デザイン思考という言葉は使われていないものの，エンジニアとの対立を克服してデザイナーを有効活用するには，制度設計が重要になることが指摘されてきた。したがって，デザイナーをデザイン思考の持ち主と置き換えれば，デザイン思考を機能させるためにはそのような思考の持ち主を大事にするための仕組みが必要であり，ひいては「彼らをどのようなポジションに置くのか」が重要になる。

それに対して，Michlewski（2008・2015）が強調してきたのは，そのような思考の持ち主を大事にする文化の重要性である。つまり，経営学のデザイン・マネジメント研究が制度という組織のハード面に注目してきたのに対し，デザイン態度では，文化というソフト面に注目して議論が行われてきたのである。

Ⅳ. デザイン態度に対する批判

最後に，ここでは，デザイン態度に対して現時点で考えられる批判を提示したい。デザイン態度も第3章で述べたアート思考と同様

---

[6] このように理想的なデザインを生み出すために，技術的な制約を乗り越えようとする価値観や行動規範が内面化されている状態を，井上（2004）では「デザインが企業文化となっている」と呼んでいる。

に登場してからまだ日が浅く，それほど多くの批判が寄せられているわけではない。しかし，少なくとも次の4点は指摘することができそうである。

1. 本当にデザイン組織に特有のものなのか

1つ目の批判は，デザイン態度は本当にデザイン組織に特有のものなのかというものである。デザイン態度は，デザイナーという肩書を持つ人や，デザイン・プロセスに関わる人たちを対象に行われた調査から発見されたものであるため，「これらがデザイン組織に共通して見られる特徴である」と主張することは可能である。しかし，その態度が本当にデザイン組織の中でしか見られないのかという点については疑問がある。なぜなら，Michlewski（2008・2015）では，他のプロフェッションとの比較が行われていないからである。デザイン組織に「特有」であることを強調したいのであれば，他のプロフェッションが本当にそのような特徴を持っていないのか，あるいは，持っていたとしてもデザイン組織と比べてどの程度の開きや異なる傾向があるのかなどを明らかにする必要がある。

2. イノベーションとの結びつきが不明

2つ目の批判は，デザイン態度とイノベーションとの結びつきが不明というものである。Michlewski（2008・2015）は，デザイン・プロフェッションの持つ態度がイノベーションに有効であることを匂わせている。また，理論的にも，「デザイン態度の形成→デザイン思考の機能→イノベーションの実現」という因果関係を想像する

ことはできる。しかし，現時点では，それを実証するデータは全く示されていない[7]。さらに言えば，本章の冒頭でも述べたように，デザイン態度には5つの特徴があるとされているが，それらがすべて均等にデザイン思考の機能（ひいては，イノベーションの実現）に関係しているのか，それとも，それらの間で有効度合にバラつきがあるのかも不明なままである。

　ここで改めて，デザイン態度を構成する5つの特徴と，デザイン思考で行われた議論を重ね合わせてみると，それは以下のようになる。まず，1つ目の不確実性や曖昧性を受け入れることは，デザイン思考にいう「コンセプトをすぐにスペックに落とし込むな。多義性や曖昧さを受け入れよ」という主張と結びつく。第1章Ⅲ.2でも見たように，通常の製品開発活動では，コンセプトを早い段階でスペックに落とし込んで多義性や曖昧さをなくし，効率的に物事を進めようとするのに対し，デザイン思考では，コンセプトからダイレクトにプロトタイプを作り，多義性や曖昧さを受け入れようとする。このような不確実性や曖昧性にじっくり向き合う姿勢は，最後まで全貌をつかめない厄介な問題に取り組む際には必須になる。

　また，2つ目の深い共感に従うことは，デザイン思考で観察的手法を用いることの前提条件となる。直感や主観を信じることなく観察的手法を用いても，意味がないからである。同様に，3つ目の五感の駆使も，デザイン思考の土台となっている VKA モデルと結びつく（佐宗, 2019）。デザイン思考の根底には，Visual（視覚），Kinesthetic（体感覚），Auditory（聴覚）をバランス良く活用して問題解決を図ろうとする思想が流れており，それが活かせない環境下での実行は難しいとされている。

　さらに，4つ目の遊び心を持つことは，デザイン思考を機能させ

---

[7] 一般的には，Hindi（2018）が指摘するように，組織文化は組織成員の思考や行動などを介してアウトプットに影響を及ぼすと考えられるが（補論⑧参照），Michlewski（2008・2015）では，そのあたりのメカニズムが全く明らかにされていない。ブラックボックスのままである。

る上で最も重要な要素になる（井原, 2020）。例えば，他人に共感するためには，「ごっこ遊び」のような視点が必要になる。また，プロトタイピングのプロセスは，「作っては壊し」を繰り返す粘土遊びや積み木遊びの感覚に近い。さらに，サービスを生み出す場合には，寸劇などがプロトタイプとなる場合もある。その意味では，遊び心を許容する文化のない企業にはデザイン思考の実行は難しいといえる[8]。そして，5つ目の複雑なことに積極的に取り組もうとする意欲は，上で見た不確実性や曖昧性に向き合う姿勢と同様に，厄介な問題に取り組む際には必須となる。複雑で矛盾するような状況を避けるようでは，デザイン思考を機能させることは難しい。

このようにしてみると，両者の間にはそれなりに整合性がとれており，デザイン思考を機能させる上でデザイン態度が有効であることが窺える。ただし，それらはあくまで推測に過ぎず，実際，どの程度まで有効なのかは分かっていない。

3. 他でも再現可能なのか

3つ目の批判は，デザイン態度は他の組織（プロフェッション）では再現不可能なのではないかというものである。Michlewski（2015）の「デザイナーの柔軟な意思決定方法のみならず，そのプロフェッションとしての文化を理解し，援用すれば，組織はクリエイティブになれる」という主張に基づけば，それは他の組織でも再現可能であるべきである。しかし，実のところ，Michlewski 本人も，それが再現可能だとは断言していない。以下は，デンマークで行われた，あるカンファレンスでの「デザイン態度はトレーニング

---

[8] デザイン思考を推進する d.school には，色とりどりの家具が置かれ，あちこちにけばけばしい付箋が貼られているなど，時に「大人向けの幼稚園」と表現されることもある（『The Wall Street Journal web 日本版』）。一方，澤田（2015）では，「オフィスのデスクで紙工作なんて，遊んでいるようにしか思われないよ」など，現場でデザイン思考が実行しづらいことを嘆くビジネスマンの声が紹介されている。

できるものですか?」との質問に対する彼の答えである。

　　　「ええ，それは私を悩ませてきました。考えたことの1つは
　　習慣です。それは私の次の本のテーマかもしれません。デザイ
　　ン態度の適切な牽引力を得るために，すなわち，デザインの文
　　化によって豊かな組織やビジネスを生み出すためには，習慣作
　　りをする必要があります。未来を作るのではなく，まずは習慣
　　を作り，それから未来を作るのです」(筆者翻訳)[9]

　また，前述したように，彼が理論的な拠り所にしている Schön
(1983) は，デザインとは多くのプロフェッションに共通する思考
であると同時に，各プロフェッションに固有の専門性も有している
としている。そして，Michlewski は後半の固有の専門性に重きを
置いて，デザイン態度を定義してきた。つまり，彼の言うデザイン
態度とは，独特の洞察力を持ちながら専門的な訓練を重ね，内省を
繰り返した人だけが習得できるデザイン・プロフェッションに固有
のものなのである。しかし，このような汎用性が低いものを他の組
織で再現することは可能なのであろうか。ここに理論的な問題が潜
んでいる。
　そもそも，Michlewski (2008・2015) では，デザイン態度とは個
人に宿る資質部分が大きいのか，教育や仕事経験の中で獲得される
ものなのか，それとも，その両方が必要なのかが明らかにされてい
ない。仮に個人の資質によるところが大きいのであれば，それを他
の組織が再現するには，デザイナー的な資質を持つ人を探すところ
から作業を始める必要がある。さらに，それに先立つ形で，そのよ
うな人を探し出すための指標を明らかにする必要がある（ただし，

9『Danish Design Centre ホームページ』。

この立場では，この2段階の作業で再現は完了することになる）。反対に，デザイン態度は実践を通して徐々に育まれるものであるとすれば，それを育むのに相応しい仕事環境の再現や提供が必要になる。つまり，デザイナー的な資質を持つ人を集めるだけでは作業は完了せず，絶えず厄介な問題と向き合わなければならない仕事環境を与え，彼らに専門的な訓練や内省を促すことが必要になるのである。

　この点につき，Michlewski 自身は，先ほどの習慣が大事だとする発言からも分かるように，個人の資質だけでデザイン態度を再現できるとは考えていないことが窺える。その一方で，内省は個人の内面で起こるため外部からコントロールすることは難しく，再現可能であるにしても，そこに脆弱性があることは否めない。つまり，デザイン態度「的」なものを再現することはできても，精度の高い再現は難しいと考えられるのである。

4. その形成メカニズムが不明

　4つ目の批判は，デザイン態度がどのようなメカニズムで組織の中に形成されたのかが不明というものである。デザイン態度は，現時点においてデザイン・プロフェッションの中で共有されている信念や志向であり，それは組織文化として形をなしていることや，5つの特徴があることなどは明らかにされている。しかし，その状態までどうやって辿り着いたのかという疑問には答えられていない。つまり，3つ目の批判とも関連するが，それを形成（再現）するためのメカニズムが不明なのである。

　さらに，Michlewski の拠り所とする Schön（1983）が言うよう

に，プロフェッショナルとは自らが持つ物事の捉え方や信念を能動的に更新し続ける存在であるとするならば，デザイン態度も同様に，変化を続ける存在ということになる。そして，そのような見方が正しければ，今後もデザイン態度の中身は変わり続けるはずであり，現時点で調べたものが正解というわけではないことになる（あるいは，歴史が続く限り，どこまで行っても正解はないということになる）。つまり，Michlewski（2015）で明らかにされたデザイン態度の 5 つの特徴はあくまで，途中段階の仮の姿に過ぎないということになるのである。この部分にも理論的な問題が潜んでいるかもしれない。

V. 小括

本章では，主にデザイン態度研究の新奇性の有無や，それに対する批判などについて議論してきた。

まず，前者の新奇性の有無について見ていくと，デザイン態度研究では，デザインのプロフェッショナル集団が持つ組織文化の特徴が明らかにされてきたが，それと完全に合致するような経営学系の研究は見られなかった。もちろん，経営学の中にも類似の問題意識を持つ研究はいくらか存在するものの，いくつかの点で違いが見られた。

例えば，デザインを有効活用するには企業文化が重要になる旨を指摘する研究では，デザイン態度研究のように文化の特徴まで明らかにされていない。また，それは実証研究ではなく，概念的な研究に留まっている。その他にも，デザインとエンジニアリングの間で

生じるコンフリクトに注目し，両者の協調の必要性を訴える経営学の実証研究は多いが，その大半は制度などのハード面に注目して議論を行ってきた。それに対して，デザイン態度研究では，文化というソフト面に注目して議論が行われてきた。両者の間にはこのような違いがあり，その差異の部分に新奇性があるといえる。

　一方，デザイン態度研究に寄せられる批判は，以下のようなものである。1つ目は，デザイン態度は本当にデザイン組織に特有のものなのかというものである。デザイン態度は，デザイナーを対象に行われた調査から発見されたものであるため，「これらがデザイン組織に共通して見られる特徴である」と主張することは可能である。しかし，他のプロフェッションとの比較が行われておらず，その態度が本当にデザイン組織の中でしか見られないのかという点については疑問がある。

　2つ目は，デザイン態度とイノベーションとの結びつきが不明というものである。デザイン態度研究では，デザイン・プロフェッションの持つ態度がイノベーションに有効であることが暗示されている。また，理論的にも両者の間に因果関係を想像することは難くない。しかし，現時点では，それを実証するデータは全く示されていない。

　3つ目は，デザイン態度は他の組織（プロフェッション）では再現不可能なのではないかというものである。デザイン態度とはそもそも，独特の洞察力を持ちながら専門的な訓練を重ね，内省を繰り返した人だけが習得できるデザイン・プロフェッションに固有のものである。しかし，このように汎用性が低そうなものを他の組織で本当に再現できるのであろうか。この部分に疑問が呈されている。

　4つ目は，デザイン態度がどのようなメカニズムで組織の中に形

成されたのかが不明というものである。デザイン態度研究が明らか
にしたのは，現時点でデザイン・プロフェッションが共有する信念
や志向であり，その状態にまでどうやって辿り着いたのかという疑
問には答えられていない。つまり，その形成メカニズムが不明なの
である。

補論⑦ Michlewski の デザイン態度研究の位置づけ

　ここでは，Michlewski の研究の位置づけについて触れておきたい。本論でも述べた通り，彼の研究を経営学でないものとして扱っている理由は，その貢献がデザイン思考研究の分野に偏っているためである。Michlewski（2008・2015）は確かに組織を研究対象とし，経営学の研究にも触れているが，その文脈や位置づけが不明確である。

　具体的に，Michlewski（2008）では，「デザインと組織の結びつき」をテーマとする経営学の先行研究に注目し，それらを大きく「デザインを重要な戦略的資源や変化を起こす媒体として捉えた研究群」と「デザインとイノベーション，組織パフォーマンスの関係に注目し，それを実証した研究群」の 2 つに分類した上で，いずれの研究群においてもデザイン組織の文化が明らかにされていないと批判している（そして，だからこそ，自分はその解明に取り組むと主張している）。ただし，それ以上の言及はなく，先行研究との関係やつながりが不明瞭である[1]。

　その一方で，**補論①**で示したようなデザイン思考研究については，引用の回数も多く，議論の内容も濃厚である。そのうち特に，彼がレビューに際して批判の対象として取り上げているのが，Simon（1969）や Alexander（1977），Boland and Collopy（2004）などである。それらの研究は，工学や建築学などの領域で長年取り組まれてきたデザイン思考研究の流れを汲んでおり，

1 Michlewski（2008・2015）では，特定の準拠集団が持つ「下位文化（subcultures）」（Van Maanen and Barley, 1984）や，「ネクサスモデル（nexus model）」（Martin, 1992）などの組織文化研究の概念が用いられている。ただし，それらは，組織文化の分析を進めていく際の視点（分析の視点）を導出するために用いられただけで，自身の研究の組織文化研究に対する貢献は明らかにされていない。

デザインの特徴やそもそもデザインとは何か，組織におけるデザイン的・デザイナー的なアプローチ（the design approach in organization）とは何かなどを明らかにしようとする研究である。

　さらに，彼は自身の研究の理論的なインプリケーションとして，デザインという概念にこれまでとは異なる側面（デザインとは予期されないものであり，より探索の自由を持つ概念である）を見出した点を挙げている。彼によると，もともとデザインは計画と強く結びついた概念と考えられてきた。例えば，Mintzberg（1998）のデザイン学派（design school）にいう「デザイン」とは計画のことであり，Alexander（1977）が提唱したパタン・ランゲージ（pattern language）も建築・都市設計におけるルールを体系化したもので，デザインが計画可能なものであることを示している。しかし，彼が発見したのは，それらとは正反対の性格である。彼が発見したデザインとは，科学のような結果の予見可能性や安定性，一般化可能性などとは相いれないものであり，その本質はむしろ，ルールを壊していくところにある。

　このように，Michlewski（2008・2015）の主たる研究関心や問題意識は，デザイン思考研究に向けられている一方で，経営学に対する関心や問題意識は希薄である。これらのことから，本論では彼の研究を経営学でないものとして扱っている。

補論⑧	あらゆるクリエイティブな手法の OS としてのデザイン態度

　ここでは，デザイン態度（デザインのプロフェッショナル集団が持つ組織文化）とデザイン的な手法やアート的な手法（以下，クリエイティブな手法とする）との関係について触れておきたい。

　本論で見たように，デザイン態度の議論に登場するのはデザイン思考だけで，DDI やアート思考などはそこに登場してこない。その一方で，デザイナーをはじめとするクリエイターの文化が尊重されなければ，様々なクリエイティブな手法を導入しても，社内で上手く機能しないとする議論もある[1]。つまり，デザイン態度のような組織文化は，デザイン思考だけでなく，DDI やアート思考などの他のクリエイティブな手法に対しても OS のような役割を果たすと考えられているのである。

　例えば，コンサルタントとしてビジネスとアートの融合プログラムを作成する傍ら，IE ビジネススクールで教壇にも立つ Nir Hindi は，創造的な組織になるためには，**図表 補⑧-1** に示すような 5 段階のステップをクリアする必要があるとしている（Hindi, 2018）。

　1 段目は，経営層のコミットメントである。これは，経営層の支持を得るということであり，これがない限り次のステップに進むことができない。Hindi によると，創造的な組織を目指す企業にとって，これが一番重要な要件とされている（具体的には，創造的な活動やその旗振り役に対してきちんと予算や権限が付与さ

1『日経デザイン』2020 年 5 月号，48-49
　頁および大山（2020）。

れていることなど）。

　2 段目は，文化である。経営層の支持を得ることができたら，次は創造的な人材が評価される文化を築くことが重要になる。なお，ここでいう文化とは，「何を受け入れ，何を否定するのか」や「何を推し進め，何を避けるのか」などを判断する際の基準となる組織内で共有された価値観（要は，企業文化や組織文化）のことである。

　3 段目は，スキルである。ここでいうスキルとは，独創的・創造的に物事を考え，行動できることを指す。4 段目は，メソッドで，この中にデザイン思考やアート思考などの手法が含まれる。そして，最後の 5 段目に来るのが行動であり，創造的なアイデアを形に変えて市場に届けるために実行することである。

　このように，Hindi は，クリエイティブな手法をデザイン思考に限定せずに幅広く捉えた上で，それらはあくまで表層的なメソッドに過ぎないことや，それらを社内で機能させるには，その下支えとなる経営層のコミットメントや創造的な人材が評価される文化の構築などが必要になる旨を述べている（ただ，その反面，クリエイティブな手法の中身も文化の中身も，それほど具体

図表 補⑧ -1　創造的な組織になるための 5 段階のステップ

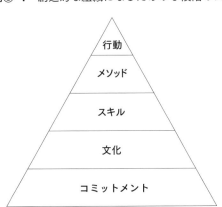

出所：Hindi（2018），邦訳 237 頁より一部を変更して引用。

的には明らかにはされておらず，抽象的なままである）。これは言い換えると，社内にデザイナーをはじめとするクリエイターの文化に対する理解やリスペクトがなければ，クリエイティブな手法を導入しても，結局は失敗に終わるということを意味している。

第 5 章

全体像の整理

Ⅰ. 前章までの振り返り

　第1章から第4章では，デザイン思考，DDI，アート思考，デザイン態度の4つの概念を取り上げ，それぞれに詳細な検討を加えてきた。改めてそれらを整理すると，それは**図表5-1**のようになる。それらはいずれも，デザイナー（ないしデザイン組織）が持つ多様な能力の異なる側面に注目して，それを再現（モデル化）し，デザイナーでない人（あるいは他の組織）でも利用することができるように形式知化したものである。

　簡単に振り返っておくと，まず，デザイン思考とは，デザイナーの創造的問題解決者としての側面に注目し，それを再現（モデル化）しようとしたものである。そして，それを再現するのに必要な要素は，人間中心の視点を持つことと，プロトタイプを活用して試行錯誤型の問題解決を行うことの2つである。

　前者の人間中心の視点を持つとは，「ユーザーがどのように理解しているのかを理解する」ことであり，観察的な手法を用いて，彼

図表 5-1　各概念の整理

概念の名称	再現（モデル化）するもの	再現に必要な要素
デザイン思考	デザイナーの創造的問題解決者としての側面	人間中心の視点，プロトタイプを活用した試行錯誤型の問題解決
DDI	デザイナーの文化人類学者としての側面	意味への注目，解釈者（デザイン・ディスコースなど）の活用
アート思考	アーティストの思考方法や取り組み（あるいは，デザイナーのアーティストとしての側面）	自分モード，問題提起（スペキュラティヴ・デザイン）
デザイン態度	デザインのプロフェッショナル集団が持つ組織文化	不確実性や曖昧性を積極的に受け入れる，深い共感に従う，五感を駆使する，遊び心を持って物事に取り組む，複雑なことにも意欲的に取り組む

出所：筆者作成。

ら自身が言語化することができない潜在的なニーズを拾い上げようとする。一方，後者のプロトタイプを活用した試行錯誤型の問題解決とは，厄介な問題を解決するためにプロトタイプを使って問題解決を前進させていくことである。ただ，そこでは問題発見と問題解決が同時に実現することが多いため，問題の定義が曖昧なままソリューションを立案せざるを得ない上に，観察者の直感が間違っている可能性もあるなどのリスクを抱えている。そのリスクを軽減するために，デザイン思考では問題解決サイクルの高速回転（反復）と，アイデアの大量出力（発散性）が重要になる。

　次に，DDIとは，デザイナーの文化人類学者としての側面に注目し，それを再現（モデル化）しようとしたものである。前述のデザイン思考では，ユーザーなどの個別の人間に焦点を当て，その人の抱えている問題を取り扱うことを定石としてきた。しかし，優れたデザイナーは，個別の人間の課題だけでなく，その背後で変化しつつある社会的な文脈や文化の視点から問題を捉えている。このような側面に注目したのがDDIであり，デザイナーの文化人類学者のような振る舞いを再現（モデル化）したものと考えられる。そして，その再現に必要な要素は，意味への注目と解釈者の活用の2つである。

　前者の意味への注目とは，社会的に共有された意味に注目し，それを革新するような新しい意味を生み出すことである。一方，後者の解釈者の活用とは，自己を起点としながらも，企業内外の多様な解釈者との対話を通じて意味を作り上げていくことである。DDIでは，そのような意味作りの場として，スパーリング，ラディカル・サークル，デザイン・ディスコースの3つが取り上げられている。

さらに、アート思考とは、アーティストが「0→1」の作品を生み出すときの思考方法や取り組みに注目し、それを再現（モデル化）しようとしたものである。そして、その再現に必要な要素は、自分モードを大事にすることと、問題提起を行うことの2つである。

前者の自分モードを大事にするとは、デザイン思考のようにユーザーの不満の解消や彼らに提供可能な便益を第一に考えるのではなく、まずは自分の思いを大事にすることである。一方、後者の問題提起とは、既存の価値観や常識を疑って可能性を広げることである。これはスペキュラティヴ・デザインとも呼ばれ、デザイン思考のような解決志向のものではなく問い志向のものであり、可能性を前に進めるためのものである。デザインには元来、物事の可能性を思索するための機能が備わっており、スペキュラティヴ・デザインとはそのような側面に再び光を当てたものである。その意味で、アート思考とは、かつて袂を分かったアートとデザインの再接近であり、デザイナーのアーティストとしての側面を強調するものでもある。

そして、最後のデザイン態度とは、デザインのプロフェッショナル集団が持つ組織文化に注目し、それを再現（モデル化）しようとしたものである。そして、それを再現するには、次の5つの要素が必要になるとされている。1つ目は、不確実性や曖昧性を積極的に受け入れること。2つ目は、深い共感に従うこと。3つ目は、五感を駆使すること。4つ目は、遊び心を持って物事に取り組むこと。5つ目は、複雑なことにも意欲的に取り組むことである。このデザイン態度は、デザイン思考にとってOSのような存在であり、それが正しく機能するには、それらの5つの要素がきちんと整備されて

いる必要があると言われている。その意味で，デザイン態度はポスト・デザイン思考の1つではあるものの，他の2つの概念とは異なり，デザイン思考の上位概念にあたるといえる。

Ⅱ. 各概念のオリジナリティ

続いて，ここでは各概念の経営学的意味（各概念のオリジナリ

図表 5-2　各概念のオリジナリティ

概念の名称	再現に必要な要素	関連する経営学の概念や研究	オリジナリティ（新奇性）
デザイン思考	人間中心の視点	ユーザーイノベーション	ユーザーの捉え方や活用目的の違い
		マーケット・プル型やディマンド・プル型のイノベーション	具体的な方法論（カスタマージャーニーマップやペルソナ／シナリオ法など）の提示
		潜在的コンセプト・ニーズ，潜在的ユーザビリティ・ニーズ	特になし
	プロトタイプを活用した試行錯誤型の問題解決	ニーズ・ソリューション・ペアズ，実験行動など	特になし
DDI	意味に注目すること	市場革新型イノベーション（構築的革新と隙間創造）	特になし
	解釈者の活用	オープンイノベーション，ユーザーイノベーション	外部の活用目的の違い
		正当性の獲得プロセス	特になし
アート思考	自分モード	内発的動機づけ	特になし
		正当性の獲得プロセス	特になし
	問題提起（スペキュラティヴ・デザイン）	エフェクチュエーション	具体的な方法論（スキャニングやバックキャストなど）の提示
デザイン態度		企業文化としてのデザイン	組織文化の特徴の明示／実証研究
		デザインとエンジニアリングの相克と協調	組織のソフト面への注力

出所：筆者作成。

ティや新奇性がどこにあるのか）についてまとめてみたい（図表 5-2 参照）。

1. デザイン思考のオリジナリティ

　まず，デザイン思考では，ユーザーがイノベーションの起点であ ることを強調するが，それは経営学におけるユーザーイノベーショ ンと次の点で異なっている。ユーザーイノベーションでは，ユー ザーの中には少ないながらもアイデアの保有者が存在していること が前提となっている。そのため，わざわざ企業がユーザーのニーズ を拾い上げてアイデアを考え出さなくとも，ユーザーに直接アイデ アを尋ねればよいと考えている。それに対して，デザイン思考で は，アイデアの源泉はユーザーの頭の中の無意識領域にあると考え ている。つまり，ユーザー自身は明確な答えを有しておらず，ヒン トのみ有しているという前提に立っているのである。そのため，企 業が主体的にそのようなユーザーを観察して，ヒントや答えを導き 出す必要がある。このように，ユーザーイノベーションとデザイン 思考では，ユーザーを起点にするという点においては共通するもの の，ユーザーの捉え方や活用目的が大きく異なっている。

　その一方で，経営学でマーケット・プル型やディマンド・プル型 と呼ばれるイノベーションとは，ほとんど違いを見出すことができ ない。むしろ，デザイン思考の方がそれらに内包される関係にある といえる。デザイン思考では前述したように，アイデアの源泉は ユーザーの頭の中の無意識領域にあると考えている。そのため， ユーザーの行動をつぶさに観察するなどして，彼ら自身も言語化で きていない潜在的なニーズを探り出そうと努力する。それに対し

て，マーケット・プル型やディマンド・プル型のイノベーションでは，そのような潜在的なニーズに加え，顕在的なニーズも拾い上げようとする。その結果，観察的な手法だけでなく，アンケートやインタビューなども併用される場合が多い。さらに，その観察的手法によって得られる情報の整理の仕方に関しても，デザイン思考と経営学の間にそれほど大きな違いは見られない。ただし，デザイン思考では，カスタマージャーニーマップやペルソナ／シナリオ法，コンテクスチュアル・デザインなど，潜在的なニーズを掘り起こすための様々な観察的手法が提示されており，この部分にオリジナリティが認められる可能性がある。

　また，デザイン思考では，それが創造的な問題解決活動であることを強調するが，そこにも新奇性をほとんど見出すことができない。より具体的には，デザイン思考の問題解決スタイルには，問題発見と問題解決の同時実現や，プロトタイプの活用による問題解決の前進，問題解決サイクルの高速回転とアイデアの大量出力の3つの特徴があるとされているが，それらに類似するロジックは経営学の中にも見出すことができる。問題発見と問題解決の同時実現は，ニーズ・ソリューション・ペアズと呼ばれる枠組みと似ている。また，プロトタイプを使って考えることの有用性は，バウンダリー・オブジェクトや実験行動など，経営学でも様々な形で議論されてきた。さらに，問題解決のスピードとアイデアの量で正解に近づけていくという発想は，マーケティング研究の領域で古くから議論されてきた。

2. DDIのオリジナリティ

　前述したように，Verganti は意味の革新性に注目して，その革新度合が大きいものを DDI と定義しているが，それは経営学にいう市場革新型のイノベーション（構築的革新および隙間創造）に該当すると考えられるため，新奇性は乏しい。そもそも彼は意味の革新性の測定指標や尺度を明示していないため，その中身を厳密に理解することは難しいが，ある程度の推測ならば成り立つ。おそらく，意味の革新性が小さいものとは，「○○という製品はこうであるべき」などの規範や常識を維持したまま，機能や使用感に改良を加えていく既存市場牽引型のイノベーションのことを指し，その対極に位置する DDI とは，それらの規範や常識に対して，そうではない可能性を提案し，新しい市場を切り開く新市場創造型のイノベーションのことを指していると考えられる。

　一方，DDI では，イノベーションの実現には外部の関与が不可欠と考えているが，経営学にいうオープンイノベーションやユーザーイノベーションとは，外部を活用する目的部分で異なっている。オープンイノベーションやユーザーイノベーションは，社外にアイデアが存在することを前提に，アイデアを社外から調達しようとする。それに対し，DDI ではアイデアを社内で作るため，外部からそれを調達するわけではない。外部の役割はあくまで，意味の強度を高める手伝いをする解釈者に留まるのである。このように，DDI はオープンイノベーションやユーザーイノベーションと「企業はイノベーション活動をより大きなネットワークの観点から捉えるべき」などの基本的な価値観は共有しているものの，外部を活用する目的部分で異なっており，そこに新奇性を見出すことができる。

　他方で，DDIには，自己を起点としつつも，社内外の多様な解釈者との対話を通じて意味を作り上げていく，内から外へと向かうプロセスに特徴があるとされているが，そのようなプロセスは多くのイノベーションに共通して見られる特徴であり，そこに新奇性があるわけではない。既存の多くのイノベーション研究では，アイデアの種が個人に宿ることや，その内容が革新的であればあるほど，周囲との相互作用なしには受け入れられないことなどは所与とされてきた。つまり，イノベーションは個人が起点になるものの，その実現に向けては他部署のメンバーや関連産業，ユーザーなどを巻き込んで正当性を獲得していくことが必要になるとされてきたのである。

3. アート思考のオリジナリティ

　前述したように，アート思考では，ユーザーの不満の解消や彼らに提供可能な便益を考えるのではなく，自分がどうしたいのかを考えることや，そのような個人的な動機を大事にすること，さらには，そこから生まれる特殊な価値観を社会に広げていくことの重要性などが指摘されてきた。他方，経営学のイノベーション研究においても同様に，内発的動機づけが重要になることや，それが起点となって生まれるイノベーションが多いこと，さらには個人的な動機を組織的・社会的なものへと段階的に広げていく正当性の獲得プロセスが重要になることなどが明らかにされてきた。そのため，この部分に新奇性を見出すことはできない。

　また，アート思考では，問題提起やスペキュラティヴ・デザインの重要性が指摘されてきたが，それは，経営学の起業家研究にいう

エフェクチュエーションの考え方と類似している。そこでも，優れた起業家は「手持ちの手段から何ができるかを考えることで可能性を広げ，その可能性の中から望ましい目標を選び取る」という教科書とは正反対のアプローチを採用することや，未来が「どうなるのか」という受け身の姿勢で向き合うのではなく，それを「どうしたいのか」という能動的な姿勢で臨むことなどが指摘されてきた。そのため，この部分にも新奇性はほとんど見られない。

ただ，その一方で，エフェクチュエーションを巡る議論では，アート思考で示されたような発想を飛ばしたり，直感を論理に落とし込んだりするための具体的な方法論（例えば，スキャニングやバックキャスト，メタファーやアナロジーを駆使する方法）についてはあまり議論がなされてこなかった。その意味で，経営学的な見地から見たアート思考のオリジナリティは，問題提起に関する具体的な方法論にまで踏み込んだところにあるといえるかもしれない。

4. デザイン態度のオリジナリティ

最後に，デザイン態度では，デザインのプロフェッショナル集団が持つ組織文化の特徴を明らかにしてきたが，それと完全に合致するような経営学系の研究は見られず，新奇性は高いといえる。もちろん，経営学の中にも類似の問題意識を持つ研究はいくらか存在するものの，いくつかの点で違いが見られる。例えば，デザインを有効活用するには，企業文化が重要になる旨を強調した研究では，デザイン態度のように文化の特徴まで明らかにしているわけではない。また，それは実証研究ではなく，概念的な研究に留まっている。その他にも，デザインとエンジニアリングの相克を指摘し，そ

の協調の必要性を訴える経営学の実証研究は多いが，そこでは制度という組織のハード面に注目して議論が行われてきた。それに対して，デザイン態度では，文化というソフト面に注目して議論が行われてきた。両者の間にはこのような違いがあり，その差異の部分に新奇性があるといえる。

Ⅲ. 概念間の関係性

　これまで見てきたように，4つの概念はそれぞれ，デザイナー（ないしデザイン組織）が持つ多様な能力の異なる側面に注目して，それを再現（モデル化）したものであるため，互いにある程度のすみ分けができている。そして，それらの関係を図で示すと，それは三角錐のような立体で表すことができる（図表5-3 参照）。そのうち，特に底面にくるのがデザイン態度で，それぞれの側面がデザイン思考，DDI，アート思考となる。さらに，それを真上から見たものが図表5-4である。

　まず，図表5-3 に注目すると，デザイン態度は残る3つの概念の

図表 5-3　三角錐モデル

デザイン態度

出所：筆者作成。

図表 5-4　デザイン思考，DDI，
　　　　　アート思考の関係

You(あなた)に注目

デザイン思考

アート思考

DDI

I (私) に注目

People (人々) に注目

出所：筆者作成。

土台（底面）として位置づけられていることが分かる。前述したように，デザイン態度はデザインのプロフェッショナル集団が持つ組織文化であり，デザイナーの活動を支える OS のような存在である。それに対して，デザイン思考や DDI，アート思考はいずれも，デザイナーの持つ多様な能力を再現（モデル化）したものである。そのため，それらを機能させるには，デザイナーらしく振る舞うことを許容する土壌や風土が必要になる。つまり，デザイン態度には，それら 3 つの概念の土台としての役割が期待されるのである[1]。

　一方，三角錐モデルの側面に注目すると，デザイン思考，DDI，アート思考はそれぞれ隣り合う関係（相互補完関係）にあることが窺える（**図表 5-4** 参照）。そして，それらの守備範囲の違い（得意・不得意領域）を整理すると，それは以下のようになる（**図表 5-5** 参照）。

　まず，デザイン思考では，目の前にいる人をよく観察して理解

図表 5-5　各概念の守備範囲の違い

概念の名称	注目する対象	得意領域	不得意領域
デザイン思考	You（あなた）	●ユーザーにとっての有用性の探求	●有用性がないもの ●課題すら存在しない未知のもの（「0 → 1」型のイノベーション）
DDI	People（人々）	●社会で共有されてきた意味の革新	●有用性の探求 ●未知のものに意味を与えること（「0 → 1」型のイノベーション）
アート思考	I（私）	●未知なるもの（非有用なものや非現実的なものも含む）の創出（「0 → 1」型のイノベーション）	●「1 → 100」型のイノベーションや「1 → 10」型のイノベーション

出所：筆者作成。

1 なお，デザイン態度の議論の中で直接触れられているのはデザイン思考のみで，DDI やアート思考はそこに登場しない。しかし，**補論⑧**でも述べたように，デザイン態度のような組織文化は，デザイン思考だけでなく，他のクリエイティブな手法に対しても OS のような役割を果たすと考えられる。

し，その人が自覚していない潜在的なニーズや課題を探り出そうとする。つまり，それは二人称の「You（あなた）」に注目した取り組みであり，ユーザーの行為がどのような意味を持っているのかを理解したり，ユーザーにとっての有用性を探求したりすることを得意としている。その反面，課題解決が価値創出につながらないもの（有用性のないもの）や，課題すら存在しないもの（娯楽のようにそれがなくても困らないものや，全く未知のもの）を生み出すことは難しい。また，それ以外にも，ユーザーに注目して課題を探るため，利用用途すら明確でない最先端技術のアプリケーションの探索や，素材などに代表される B to B 領域でのコンセプト創造への適用も難しい。さらに，目の前にいる個人に焦点を当てるため，世の中の大きなうねりや変化を見逃すリスクも内包している。

　他方，DDI では，多様な解釈者との対話を通じて社会的な文脈や文化を理解し，新しい意味を作り出すことで，社会で共有されてきた意味を革新しようとする。つまり，それは三人称の「People（人々）」に注目した取り組みであり，社会的に共有された意味を革新することで新しい価値を生み出すことを得意とする。その反面，そのようなマクロな意味に注意が向くため，ユーザー個人の行為が持つミクロな意味の理解や，困りごとの解決（有用性を探求すること）は優先順位が低くなる。さらに，DDI は，これまで社会的に共有されてきた意味をリニューアルすることに主眼を置いた方法であるため，そもそもそれが存在しないものは苦手である。つまり，これまで市場に存在せず，社会的に共有された意味を持たないような，未知のものに対して意味を与えることは難しいのである。DDI の例として紹介されているコルク栓抜きやロウソク，照明器具などは既に社会的な意味を持ったコモディティ商品であり，DDI はそ

の意味を改定しているに過ぎない。

　さらに，アート思考では，自分の思いを大事にして，「これまでに見たことのないもの」や「ありえないもの」を生み出そうとする。つまり，それは一人称の「I（私）」に注目した取り組みであり，一見したところ非有用なものや非現実的なものを生み出すことを得意とする（有用性や実現可能性という呪縛から逃れることができる）。このように，アート思考はデザイン思考やDDIとは異なり，全く未知のものを生み出すことができる。また，デザイン思考とも異なり，課題解決が価値創出につながらないようなものも生み出すことができる。その反面，オリジナリティにとらわれやすい。「これまでに見たことのないもの」や「ありえないもの」ばかりを追求しようとするため，「1→100」型のイノベーションや「1→10」型のイノベーションには注意が向けられないのである。

補論⑨　選択と組み合わせ

　本論でも述べたように，企業は革新的な製品やサービスを生み出そうとする際に，デザイン思考やDDI，アート思考など，様々な選択肢の中から，いずれかのアプローチを選択することができる。

　例えば，デザイン思考のように，データや統計に頼らずに，ターゲットに近いユーザー（あるいは，極端な振る舞いをするエクストリームユーザー）を観察して，彼ら・彼女らが必要としそうなものを考えることもできる。あるいは，DDIのように，多様な解釈者との対話を通じて社会的な文脈や文化を理解し，人々が社会的に共有している意味をはがして，新しい意味に貼り替えることもできる。さらには，アート思考のように，ターゲットのニーズではなく，自分が本当に好きなものを考えて，それを形にすることもできる。いずれのアプローチにも一長一短はあるものの，革新的なものを生み出すことは可能である。

　しかし，その一方で，どれか1つを選択するのではなく，それらを組み合わせることも実践の場では行われている。補論⑥で見た，視覚情報を音に置き換えるemoglassがまさにそのケースに当てはまる。emoglassの原型であるOTON GLASSはもともと，脳梗塞で失読症になった父親をサポートするために開発されたものであり，どちらかと言えばデザイン思考が得意とする課題解決型の製品である。しかし，ヤマハでは，その製品が創り出す視覚と聴覚の新しい体験に目をつけ，それをアート思考でエモーショ

ナルな製品に仕立て直した。発案者と協働で「視覚と聴覚のミックスによる新たな体験とそれがもたらす心の動き」というコンセプトを導き出し，視覚的な意味や形，雰囲気を音に変換するemoglassを創り出したのである。

　また，イノベーションの場面に応じて，それぞれのアプローチを使い分けるべきとの主張もある（馬田, 2017; 田子・田子, 2019）[1]。例えば，新規事業を立ち上げたい場合，まずはアート思考的に自分の意志から出発しつつ，デザイン思考を使ってニーズを汲み取って製品や機能を作り，時には論理思考を使って分析し，論理で誰かに伝えながら着実に実行していく。この使い分けこそが，新規事業を立ち上げる際に重要になるとされている（馬田, 2017）。

　アート思考では，自分のやりたいことに専念しがちになるため，それだけだと，ユーザーに価値を理解してもらったり，理解可能な範囲を広げたりすることが後回しにされてしまう（田子・田子, 2019）。それに対して，デザイン思考は，ユーザーに共感して入り込む「二人称的なもの」であるため，相手が理解可能な範囲の中で設計し直したり，相手の理解の幅が広がるようにコミュニケーションしたりすることができる（特に技術をどう実装するかという場面で，そのような相互理解が必要になる）。一方，論理思考は，データの分析や問題の整理と実行への落とし込み，そして自分の考えをきちんと伝える場面で効力を発揮する。つまり，ビジネスの新しい発想を論理思考に求めることは難しいが，新しい発想が実行可能かどうかを判断する過程においては有効なのである（馬田, 2017）。

1 なお，彼らはアート思考という言葉は使っておらず，それぞれ「スタートアップ思考」や「起業家の思考」などの言葉を使っているが，その中身は本書で取り上げてきたアート思考と近似している。そのため，ここでは，それらの言葉を読み替えて引用している。

補論⑩　アイデアの源泉の整理

　第5章Ⅲ.では，デザイン思考とDDI，アート思考の3つの概念の関係を整理した。その結果，それぞれが，You，People，Iに注目したアプローチであることが分かった。しかし，経営学の世界には，それら以外にも，アイデア（あるいは，イノベーション）を生み出すための様々な思考方法やアプローチが存在する。そこで，この補論では「誰」をアイデアの源泉として捉えているのかに注目して，それらを含めた全体像を改めて提示してみたい（**図表　補⑩-1** 参照）。

図表　補⑩-1　アイデアの源泉の整理

アイデアの源泉		概念の名称	方法論
I（私＝一人称）		アート思考	スキャニング，バックキャスト
You in My Imagery（私のイメージの中のあなた＝一・五人称）		記憶イメージ型アプローチ	ユーザーを完全に無視するわけでも，観察したりインタビューしたりするわけでもなく，自らが持つユーザー・イメージ（visual mental imagery）に基づいて考える
		想像イメージ型アプローチ（ペルソナ・マーケティング）	
You（あなた・あなたたち＝二人称）	意識領域	リードユーザー法（ユーザーイノベーション）	ピラミッディング
		ユーザー起動法／クラウドソーシング（ユーザーイノベーション）	コミュニティとの丁寧な対話
	無意識領域	デザイン思考	観察的手法
They（彼ら・彼女ら＝三人称複数）		論理思考	アンケート調査（客観性を重視する方法）
People（人々＝三人称複数）		DDI	解釈者の活用（専門家の主観を重視する方法）

出所：筆者作成。

1. 「私」の中にアイデアの源泉を見出そうとする立場

　まず，アイデアの源泉を自分（私）の中に求める立場では，「他の人の役に立つかどうかよりも，まずは自分にとって大切なことや好きなことをやるべきだ」とか，「『自分がこんなに感動するのだから，世の中の人々も感動するに違いない』などの根拠のない自信を持つことが大事だ」などの信条が示される。さらに，そこでは，人間が持つ直感やアブダクションなどの未来を思い描く能力が重視され，期待されている[1]。

　ただし，一口に自分の中にアイデアの源泉を求めるといっても，ユーザーとの関わり方の濃淡によって，いくつかのパターンがある。そのうち，アート思考が主に取り扱うのは，完全なユーザー・フリーのパターンである。ユーザーの話を全く聞かずに，自分の信念に従ってモノ作りを行ったり，自分が欲しいものだけを開発したりする場合などがこれに当てはまる。このようなスタイルは，アーティストの仕事の進め方に近い。そして，この種の方法が有効な理由は，美や心地よさなどの追究は，きわめて主観的で個人的な作業だからである。そのため，自分自身が評価者や判断者になることができる（あるいは，自分自身の認識を担保として突き進むことができる）と考えられている。

　さらに，そのような自らが望む未来を見つけ出そうとする際や，それを実現しようとする際に用いられるのが，スキャニングやバックキャストなどの方法論である。前者のスキャニングとは，不確実で非連続な未来の芽を「広く浅く」探るための方法論であり，後者のバックキャストとは，望ましい未来の姿から逆算して，現在の自分がとるべき行動を論理的に導き出すための方法

---

1 アブダクションについては，第1章
　IV.2 を参照のこと。

論のことである。

2. 「私のイメージの中のあなた」にアイデアの源泉を見出そうとする立場

　続く，2つ目の「私のイメージの中のあなた」にアイデアの源泉を求める立場では，少しだけユーザーに意識を向ける。これは，ユーザーを観察したり，彼らにインタビューを行ったりはしないものの，自身が持つユーザーのイメージ（visual mental imagery）に基づいて製品開発を行うパターンである。アイデアの起点が「私」でもあり，「あなた」でもあるため，ここではそれを「一・五人称」と呼んでいる。

　Dahl, Chattopadhyay and Gorn（1999）によると，このイメージにはさらにユーザーを念頭に置いた記憶イメージと想像イメージの2種類があるとされ，実験では，後者を活用する方が，アウトプットの有用性や独創性，魅力度などを高められることが明らかになっている。また，近年では，そのような想像イメージを発展させたペルソナを活用することの有効性も指摘されている（Long, 2009）。ここでいうペルソナとは，架空のユーザー像や架空の顧客像を表す言葉で，2000年代以降，ソフトウエア設計やデザインなどの分野で用いられるようになってきた[2]。

　通常のマーケティングでは，年齢や収入などの属性や購買履歴などの過去のデータを基に，ターゲットとなる顧客の平均像を抽出して作業は終了する。しかし，ペルソナ・マーケティングでは，そこからさらに踏み込んで，自分たちの手でより詳細で具体的な顧客像を作り上げていく。したがって，ペルソナを記述するシートには，名前や趣味，価値観を示すエピソードなどが書き込

2　この補論ではペルソナ・マーケティング（ないしシナリオ法）をデザイン思考とは別物として扱っているが，第1章や第5章では先行研究の主張に沿う形で，それをデザイン思考の具体的な　　方法論として位置づけてきた。このように，ペルソナ・マーケティングの位置づけについてはいくつかの見解があり，現時点では統一されていない。

まれ，ペルソナのイメージに近い写真も貼られる。そして，その人物の目線や気持ちになって，製品を開発していく。

3. 「あなた」にアイデアの源泉を見出そうとする立場

3つ目は，特定の人（あなた・あなたたち）に焦点を当て，そこからアイデアを導出しようとする立場である。さらに，そこには次の2つのパターンがあるとされている。1つは，既にアイデアを有している人から，そのアイデアをもらい受けるパターン（図表 補⑩-1中の意識領域）。そして，もう1つは，その人自身はアイデアに気づいていないので，アイデア自体をもらい受けることはできないものの，その片鱗やヒントをもらい受けるパターン（図表 補⑩-1中の無意識領域）である。

(1) アイデアが顕在化している場合

まず，既にアイデアを有している人がいると考える立場では，次のいずれかの方法によってアイデアの調達を試みる。

1つは，優れたアイデアを持つ人物（リードユーザー）を探し出し，彼らの持つアイデアを活用させてもらうリードユーザー法である（von Hippel, Thomke and Sonnack, 1999）。ただし，リードユーザーは希少な存在であるため，彼らをピンポイントで探し出すことは難しい[3]。そこで用いられるのが，ピラミッディングと呼ばれる方法論である。これは，人脈を芋づる式に辿っていく方法で，例えば，ある領域で突出した人物を見つけた場合，そこで終わるのではなく「あなたよりもっとすごい人を紹介して下さい」といって，さらに傑出した人物を紹介してもらい，いつ

---

3 小川（2010）によると，日本ではリードユーザーはユーザー全体の4%ほどしかいないとされている。

しかピラミッドの頂点にいるリードユーザーに辿り着く方法である。

　もう1つは，特定のユーザー・コミュニティや不特定多数のユーザーから直接アイデアを募る方法であり，それらはユーザー起動法やクラウドソーシングなどと呼ばれている（小川，2010）[4]。こちらは，上で見たリードユーザー法のように特定の人物からピンポイントでアイデアを調達するのではなく，広い範囲からアイデアを調達する方法である。ただし，この方法を用いる場合は，ユーザー・コミュニティとの信頼関係の構築が重要になるため，彼らとの丁寧な対話が必要になる。

（2）アイデアが顕在化していない場合

　一方，人々は明確なアイデアは有していないものの，そのヒントは有していると考える立場では，観察的な手法が用いられることが多い。そして，その代表的なものが，第1章で見たデザイン思考である。

　これまで何度も述べてきたように，デザイン思考では，製品を開発する際に，何度も試作と実験を繰り返し，実際にユーザーがそれを使う場面を観察しながら，改良を重ねていく（Brown，2019）。通常の製品開発活動では，開発プロセスの終盤になってから，ユーザーに評価してもらうためにプロトタイプを作成することが多い（奥出，2007）。しかし，デザイン思考の考え方を取り入れた製品開発では，開発プロセスの初期からプロトタイプを作成し，ユーザーによる実際の使用場面を観察しながら，改良を重ねていく。なぜなら，そのようなやり取りを通じてしか，ユーザーの潜在意識を垣間見ることができないからである。

---

4 なお，クラウドソーシングにいうクラウド（crowd）とは群衆やコミュニティのことであり，ソーシング（sourcing）とは調達することである。そのため，クラウドソーシングは群衆調達と訳されることがある。

4. 「彼ら・彼女ら」にアイデアの源泉を見出そうとする立場

　４つ目は，不特定多数の「彼ら・彼女ら」にアイデアの源泉を見出そうとする立場である。そこでは，個々の人間に注目するのではなく，ターゲットとなる彼ら・彼女らの平均像に注目する[5]。具体的には，彼ら・彼女らを年齢や収入などの属性や購買履歴といったデータに置き換え，統計的な手法を用いてその平均像を抽出する。そして，そのような平均像に基づいて新製品のアイデアを考える。このような手法は，例えば，誰かにプレゼントを贈る際に，まずは相手を性別・年齢などの属性に置き換え，ネット検索などを通じて，その属性に人気のある商品の情報を収集し，分析して，プレゼントを決定するのと似ている。また，それは，アンケート調査などで得られる大量のデータと，数学的・論理的な思考とを組み合わせた手法であり（論理思考は，特にデータ分析の際に効力を発揮する），いわゆる伝統的なマーケット・リサーチの一手法といえる。

5. 「人々」にアイデアの源泉を見出そうとする立場

　最後に，人々にアイデアの源泉を見出そうとする立場では，先に見た４つ目の立場と同様に，個々の人間には注目しない。ただし，そこで抽出するのは，ターゲットとなる顧客の平均像ではなく，母集団で暗黙のうちに共有されている意味やその変化の兆しである。

　ただ，これまで何度も述べてきたように，意味は測定困難であり，客観的に捉えにくい。そのため，それを捉えるには誰かの主

観に頼らざるを得ないが，不特定多数の人々にバラバラに聞き取り調査を行っても，社会のトレンドや先端的な動きを捉えることは難しい。そこで登場するのが，「解釈者」と呼ばれる独特ではあるが信頼できる解釈を提供してくれそうな少数の専門家であり，彼らの活用方法を示したDDIである。DDIでは，社会学者や雑誌の編集者などの多様な専門家を解釈者とすることで，社会のトレンドや最先端の動きを把握できると考えている。また，そこでは，スパーリング，ラディカル・サークル，デザイン・ディスコースなど，多様な解釈者との対話を通じて社会的な文脈や文化を理解するための方法も提示されている。

結論と
残された課題

　以上の文献レビューを通じて分かったことは，本書で取り上げた
4つの概念の中身と，経営学（特にイノベーション研究）で語られ
ていることの間には，それほど大きな違いは見られないということ
である。特に，ロジック部分については類似のものが多かった。新
奇性が見られたのは，具体的な方法論の部分やデザイン組織の文化
の特徴などであって，ロジック部分ではない。その意味で，それら
は主張する内容に違いがあるというよりは，むしろ使用する言葉や
表現の仕方が違っているだけといえる。

　ただ，これは言い方を変えると，既存のイノベーション研究の成
果と矛盾するところが少なく（親和性が高く），的確な議論が行わ
れているということでもある。もちろん，今後，研究が進むにつ
れ，新奇性の高いロジックが見つかる可能性もあるが，そのために
は，デザインやアートに関心を寄せる研究側にもう少し精緻な議論
が求められる。精緻に見ていけば，本当は両者の間には何らかの違
いがあるのかもしれない。しかし，現段階では厳密さを欠く曖昧な
議論も多いため，その違いを見出しにくい。

　また，以上の文献レビューからは，各概念の提唱者やフォロワー
の多くが他の概念を適切に参照することなく，自分なりに解釈して
批判する傾向が強いことも窺えた。原著と突き合わせた際に，整合
性のとれない批判に遭遇することが度々あった。しかも，概念の提
唱者やフォロワーにはコンサルタントなども多く（IDEOはその典
型），自らの仕事と結びついている場合が多いため，必ずしもフェ
アな比較ができているとは言い難い。その意味で，学者のような利
害関係のない立場からのフェアな比較が必要になる[1]。

　また，概念間で比較が行われている場合であっても，1対1での
比較が多く，本書のように4つの概念を一括して俯瞰的に見比べる

1 ただし，欧米では，学者自身が特定の思
考法に則ったコンサルティングを行って
いたり，ワークショップを開催していた
りするなど，利害関係者となっている
ケースもしばしば見られるため，学者イ
コール中立な立場と即断するのも難しい
かもしれない。

ような取り組みはほとんど行われていない。つまり，全体像を明らかにするための取り組みも脆弱なのである。

　さらに，新しく出現したものほど，優れているかのような錯覚を抱かせる言説も多かったが，新しいものほど，より広いイノベーションの領域をカバーしているわけではない。**図表 終-1**はこの種の錯覚を表したものである。

　本書で見てきたように，出現したタイミングが早いか遅いかは，それぞれの概念の優劣を表すものではなく，守備範囲（あるいは，得意領域）の違いを表しているだけに過ぎない。したがって，どれか１つの概念だけで事足りるというわけではない（補論⑨参照）。目的に応じてそれらを使い分けたり，併用したりするのが正しい使い方である（そもそも，本物のデザイナーはそれらを使い分けたり，併用したりしてきた）。つまり，「置き換え」ではなく，「すみ分け」という意識を持つことが大事になる。新しいものに置き換える意識が強くなってしまうと，それぞれの概念の相互理解ができなくなり，互いの利点を活かしたり，欠点を補ったりするなどの取り組みができなくなってしまうからである。

　最後に，本書で取り上げた様々な事例を見る限り，いずれの思考

図表 **終-1**　誤ったイメージ

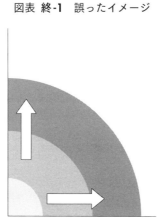

出所：筆者作成。

法を用いても革新的なものを生み出すことは可能であるといえる。実際に，デザイン思考的なアプローチからは，シャープのビデオカメラ「液晶ビューカム」が生まれた（補論②参照）。また，DDIからは，アレッシィのコルク栓抜き「アンナG」やカルテルの本棚「ブックワーム」，アルテミデの照明器具「メタモルフォッシ」などが生まれた（Verganti, 2006・2009）。そして，アート思考からは，ヤマハの電子楽器「TENORI-ON」や視覚情報を音に置き換える「emoglass」などが生まれた[2]。さらには，アーティスト自身がメーカーを演じる明和電機から生み出された「魚器シリーズ」や「ツクバ」などのユニークな製品群も，アート思考の産物といえる（補論⑥参照）。

　ただ，問題は，いずれの思考法の説明においても，イノベーションの定義が曖昧なところである。つまり，イノベーションの種類や大きさを正確に定義できていないことが，不毛な争いに陥っている最大の原因と考えられる。まずはこの部分をきちんと整理・修正すべきで，ここを放置したままでは，今後も健全な議論を行うことは難しい。

　例えば，ある経済番組のインタビューの中で，新製品の開発担当者が自社で行われている観察的手法はイノベーションに資するものではなく，改良の範疇でしかない旨を述べていたが，そのような言説になるのは，担当者が暗黙のうちにイノベーションを「かなり革新的なもの」と狭義に捉えているためである。また，「観察によって得られた情報を用いて新製品を開発しても，改善レベルのものしか実現できない」とデザイン思考を批判するのであれば，成果の測定基準を出さないとフェアではない。同様にDDIで生み出したものは革新的であると主張する場合も，成果の測定基準や測定結果を

[2] 前述したように，厳密に言えば，TENORI-ON と emoglass の開発は，アーティストとの協働であるため，アート思考というよりはアーティスティック・インターベンションの事例といえる。

提示する必要がある（現状では，それを証明する根拠は筆者の主観しかない）。さらに，そもそも「0→1」型のイノベーションや本当に革新的なものは，それほど頻繁に生まれるものではない。したがって，そのようなものがすぐに生まれないからといって，「○○は役に立たない」と結論づけるのも早計である。

おわりに

　著者が「デザインと企業経営」を研究テーマに掲げ，修士論文の執筆を始めたのは，今から約 20 年前のことである。そして，そのとき，最初に購入したのが，Peter Rowe の『Design Thinking』（邦題『デザインの思考過程』）と，Christopher Alexander の『Note on the Synthesis of Form』（邦題『形の合成に関するノート』），Victor Papanek の『Design for the Real World』（邦題『生き延びるためのデザイン』）の 3 冊であった。

　これらの書籍は，残念ながら研究関心などの違いから，結局，修士論文や博士論文の執筆には使われなかったが，読んでいてとても面白かった（とはいっても，当時，デザインや建築に関する知識を全く持ち合わせていない著者にとってはかなり難解で，引用元の書籍や論文にあたったり，解説書を読んだりしても断片的にしか理解できない部分が多かった）。特に，『形の合成に関するノート』はお気に入りで，何度も読み返した記憶がある。ただ，購入したのが古本であったため耐久性が低く，読み返すうちにバラバラになってしまい，もう 1 冊買い直すことになった。

　しかし，それ以降，それらの書籍は触られることなく，本棚の片隅にひっそり眠り続けていた。それが，今回の執筆にあたり約 20 年ぶりに再び手に取ることとなった。その意味で，本書は，著者にとっては原点回帰のような一面を持っている。ただし，本職の経営学については体系的な教育を受け，指導教官について専門的に学んだけれど，デザインや建築の議論に関しては全くの独学であるため，誤解や間違いなどが含まれている可能性がある。ご指摘いただければ，真摯に受け止め改めたいと思う。

　また，本書の補論にはケースがいくつか含まれているが，その選択に際しては，対象が日本企業であることや，1980 年代〜90 年代

の比較的古いケースであることにこだわった。その理由は，デザイン思考やDDI，アート思考などは決して新しいものでも，改めて欧米から輸入しなければならないものでもなく，日本企業に古くから根差していたものであることを示したかったからである。誰もわざわざ名前を付けなかっただけで，現場では似たような取り組みが行われてきたのである。さらに，ケースの多くは，二次資料に基づくものであるが，中にはインタビュー調査を行ったものや，正式なインタビューではないものの，様々なカンファレンスでの質疑応答やカンファレンス後のインフォーマルな立ち話で得た情報をヒントにしたものもある。ここではそれぞれのお名前は差し控えるが，インタビューや質疑応答に協力していただいた企業の方々には感謝申し上げる。

　最後に，本書の出版を快くお引き受け下さり，入念な編集と校正でお世話を頂いた同文舘出版の青柳裕之氏と大関温子氏にも厚くお礼申し上げる。なお，本書のベースとなった研究は，日本学術振興会科学研究費補助金（基盤研究（C）　課題番号18K01775）の支援によって行われた。また，出版に際しては，勤務校である京都産業大学から出版助成を受けた。ここに記して感謝したい。

2020年12月

森永泰史

参考文献

Abernathy, W. J. and K. B. Clark (1985) "Innovation: Mapping the Winds of Creative Destruction," *Research Policy*, Vol.14, No.1, pp.3-22.

Abernathy, W. J., K. B. Clark and A. M. Kantrow (1983). *Industrial Renaissance: Producing a competitive future for America*, Basic Books.（日本興業銀行産業調査部訳，望月嘉幸監訳『インダストリアルルネサンス』TBS ブリタニカ，1984）

赤池学（2003）『あっ!!　その手があったかモノづくり』ウエッジ。

赤沢基精（1991）『東芝の21世紀戦略：ニューソフト化への挑戦』日本能率協会。

秋元雄史（2019）『アート思考：ビジネスと芸術で人々の幸福を高める方法』プレジデント社。

Alexander, C. (1964) *Notes on the Synthesis of Form,* Harvard University Press.（稲葉武司訳『形の合成に関するノート』鹿島出版会，1978）

Alexander, C. (1977) *A Pattern Language: Towns, Buildings, Construction*, Oxford university press.（平田翰那訳『パタン・ランゲージ：環境設計の手引』鹿島出版会，1984）

Archer, B. (1965) *Systematic Method for Designers*, Council of Industrial Design, H.M.S.O.

Arnheim, R. (1969) *Visual Thinking*, University of California Press.（関計夫訳『視覚的思考：創造心理学の世界』美術出版社，1974）

Barthes, R. (1967) *Systeme de la Mode,* Seuil.（佐藤信夫訳『モードの体系』みすず書房，1972）

Baudrillard, J. (1968) *Le Système des Objets: La Consommation des Signes,* Gallimard, Paris.（宇波彰訳『物の体系：記号の消費』法政大学出版局, 1980）

Berthoin Antal. A. (2012) "Artistic intervention residencies and their intermediaries: A comparative analysis," *Organizational Aesthetics*, Vol.1, No.1, pp.44-67.

Bertola, P. and J. C. Teixeira (2003) "Design as a knowledge agent: How design as a knowledge process is embedded into organizations to foster innovation," *Design Studies*, Vol.24, No.2, pp.181-194.

Bogatyrev, P. (1938・1971) 桑野隆訳『民衆演劇の機能と構造』未来社, 1982。

Boland, R. and F. Collopy (2004) *Managing as designing,* Stanford University Press.

Brown, T. (2008) Design Thinking, *Harvard Business Review*, Vol.86, No.6, June, pp.84-92.

Brown, T. (2019) *Change by Design, Revised and Updated: How design thinking transforms organizations and inspires innovation,* Harper Collins Publishers.

（千葉敏生訳『デザイン思考が世界を変える　アップデート版』早川書房，2019）

Buchanan, R. (1992) "Wicked problems in design thinking," *Design Issues,* Vol.8, No.2, pp.5-21.

Busenitz, L.W. (1999) "Entrepreneurial risk and strategic decision making: It's a matter of perspective," *Journal of Applied Behavioral Science*, Vol.35, No.3, pp.325-340.

Chesbrough, H. (2003) *Open Innovation*, Harvard Business School Press.（大前恵一朗訳『オープン・イノベーション』産業能率大学出版部，2004）

Churchman, C.W. (1967) "Wicked problems," *Management Science*, Vol.14, No.4, pp.B141-B142.

Cohen, H., S. Keller and D. Streeter (1979) "The Transfer of Technology from Research to Development," *Research Management,* Vol.22, No.3, pp.11-17.（岡真由美・斉藤裕一・櫻井祐子・中川泉・山本章子訳『技術とイノベーションの戦略的マネジメント（下）』翔泳社, 2007，59-68頁）

Cooper, R., S. Junginger and T. Lockwood (2009) "Design Thinking and Design Management: A Research and Practice Perspective," *Design Management Review*, Vol.20, No.2, pp.46-55.

Crilly, N., J. Moultrie and P. J. Clarkson (2004) "Seeing things: consumer response to the visual domain in product design," *Design Studies*, Vol.25, No.6, pp.547-577.

Cross, N. (1982) "Designerly Ways of Knowing," *Design Studies*, Vol.3, No.4, pp.221-227.

Cross, N. (1997) "Creativity in Design: Analyzing and Modeling the Creative Leap," *Leonardo*, Vol.30, No.4, pp.311-317.

Cross, N. (1999) "Design Research: A Disciplined Conversation," *Design Issues*, Vol.15, No.2, pp.5-10.

Dahl, D. W., A. Chattopadhyay and G. J. Gorn (1999) "The Use of Visual Mental Imagery in New Product Design," *Journal of Marketing Research*, Vol.36, No.1, pp.18-28.

Darke, J. (1979) "The Primary Generator and the Design Process," *Design Studies*, Vol.1, No.1, pp.36-44.

Davila, T. (2003) "Short-term economic incentives in new product development," *Research Policy*, Vol.32, No.8, pp1397-1420.

Deci, E. L. (1975) *Intrinsic Motivation,* Plenum Press, New York.（安藤延男・石田梅男訳『内発の動機づけ：実験社会心理学的アプローチ』誠信書房，1980）

Dell'Era, C., T. Buganza, C. Fecchio and R. Verganti (2011) "Language Brokering: Stimulating Creativity during the Concept Development Phase," *Creativity and Innovation Management,* Vol.20, No.1, pp.36-48.

Dell'Era, C. and R. Verganti (2011) "Diffusion processes of product meanings in design-intensive industries: Determinants and dynamics," *Journal of Product Innovation of Management*, Vol.28, No.6, pp.881-895.

電通美術回路編（2019）『アート・イン・ビジネス：ビジネスに効くアートの力』有斐閣。

Dong, A. (2013) "Design × innovation: perspective or evidence-based practices," *5th International Congress of International Association of Societies of Design Research (IASDR 2013)*, Tokyo, Japan: International Association of Societies of Design Research (IASDR).

Duggan, W. (2007) *Strategic Intuition*, Columbia University Press, New York.（杉本希子・津田夏樹訳『戦略は直観に従う：イノベーションの偉人に学ぶ発想の法則』東洋経済新報社，2010）

Dumas, A. and H. Mintzberg (1989) "Managing Design Designing Management," *Design Management Journal*, Vol.1, No.1, pp.37-43.

Dunne, A. and F. Raby (2013) *Speculative Everything: Design, Fiction and Social Dreaming*, The MIT Press.（久保田晃弘監修・千葉敏生訳『スペキュラティヴ・デザイン』ビー・エヌ・エヌ新社，2015）

Dyer, J. H, H. B. Gregersen and C. M. Christensen (2011) *The Innovator's DNA: Mastering the Five Skills of Disruptive Innovators,* Harvard Business Review Press.（櫻井祐子訳『イノベーションのDNA：破壊的イノベータの5つのスキル』翔泳社，2012）

Faste, R. (1994) "Ambidextrous Thinking," *Innovations in Mechanical Engineering Curricula for the 1990s*, American Society of Mechanical Engineers, November.

Gorb, P. (1990) "Design as a Corporate Weapon," In Gorb, P. (ed.), *Design Management*, Architecture Design and Technology Press.

濱口秀司（2016）「『デザイン思考』を超えるデザイン思考」『DIAMOND ハーバード・ビジネス・レビュー』2016年4月号，26-39頁。

Heidegger, M. (1935) *Der Ursprung des Kunstwerkes*, Friedrich-Wilhelm v. Herrmann.（関口浩訳『芸術作品の根源』平凡社ライブラリー，2008）

Henderson, K. (1991) "Flexible sketches and inflexible data-bases: visual communication, conscription devises and boundary objects in design engineering," *Sci. Tech. Hum. Values*, Vol.16, No.4, pp.448-473.

Hindi, N. (2018) *Renaissance of Renaissance Thinking: A New Paradigm in Management*, Cross Media Publishing.（長谷川雅彬監訳・小巻靖子訳『世界のビジネスエリートがいまアートから学んでいること』クロスメディアパブリッシング，2018）

星野克美（1985）『消費の記号論：文化の逆転現象を解く』講談社現代新書。

星野克美（1993）「セミオティック・マーケティング」星野克美編『文化・記号のマーケティング』国元書房，3-58頁。

細谷功（2011）『アナロジー思考：「構造」と「関係性」を見抜く』東洋経済新報社。

井原恵子（2020）「IDEOに聞く　デザイン思考の鍵は「遊び」を許す企業文化にあり」『日経 XTREND』2020 年 1 月 24 日（https://xtrend.nikkei.com/atcl/contents/18/00245/00005/）2020 年 2 月 9 日閲覧。

犬塚篤（2014）「書評 Roberto Verganti, Design-driven Innovation (Harvard Business Press)」『岡山大学経済学会雑誌』第 46 巻第 2 号，263-271 頁。

Isaacson, W. (2011) *Steve Jobs: The Biography*, Abacus.（井口耕二訳『スティーブ・ジョブズⅡ』講談社，2011）

伊藤嘉浩（2013）『新規事業開発のマネジメント：社外からの著名効果の分析』白桃書房。

各務太郎（2018）『デザイン思考の先を行くもの』クロスメディアパブリッシング。

神谷泰史（2017）「アートの視点を取り入れた価値創出の可能性：ヤマハ（株）の新規事業開発の取組み事例から」『デジタルプラクティス』第 8 巻第 4 号，308-315 頁。

川間哲夫（2002）「製品意味論の歴史と展開」『デザイン学研究』第 10 巻第 1 号，30-38 頁。

Kelley, T. and D. Kelley (2013) *Creative confidence: Unleashing the creative potential within us all*, William Collins.（千葉敏生訳『クリエイティブ・マインドセット』日経 BP，2014）

Kelley, T. and J. Littman (2001) *The art of innovation: Lessons in creativity from IDEO, America's leading design firm*, Doubleday.（鈴木主税・秀岡尚子訳『発想する会社！　世界最高のイノベーション・ファーム IDEO に学ぶイノベーションの技法』早川書房，2002）

Kelley, T. and J. Littman (2005) *The Ten Faces of Innovation: IDEO's Strategies for Beating Devil's Advocate and Driving Creativity throughout Your Organization*, Profile Business.（鈴木主税訳『イノベーションの達人！：発想する会社をつくる 10 の人材』早川書房，2006）

Kembaren, P., T. M. Simatupang, D. Larso and D. Wiyancoko (2014) "Design Driven Innovation Practices in Design-Preneur Led Creative Industry," *Journal of Technology Management and Innovation,* Vol.9, No.3, pp.91-105.

紺野登（2014）「デザインワークショップからイノベーションは生まれるか？」『事業構想』2014 年 12 月号，14-15 頁。

Krippendorff, K. (1989) "On the Essential Contexts of Artifacts or on the Proposition That Design Is Making Sense of Things," *Design Issues*, Vol.5, No.2, pp.9-39.

Krippendorff, K. (2006) *The Semantic Turn: A new Foundation of Design,* Taylor & Francis Group, LLC.（小林昭世・川間哲夫・國澤好衛・小口裕史・蓮池公威・西澤弘行・氏家良樹訳『意味論的回転』エスアイビー・アクセス，2009）

Krippendorff, K. and R. Butter (1984) "Product Semantics: Exploring the

Symbolic Qualities of Form," *Annenberg School for Communication Departmental Papers.*

黒川利明（2012）「大学・大学院におけるデザイン思考（Design Thinking）教育」『科学技術動向』2012 年 9・10 月号，10-23 頁。

Lawson, B. (1980) *How Designers Think: The Design Process Demystified,* Architectural.

Lawson, B. (2004) "Schemata, Gambits and Precedent: Some Factors in Design Expertise," *Design Studies,* Vol.25, No5, pp.443-457.

Leonard-Barton, D. A. (1995) *Wellsprings of Knowledge: Building and Sustaining the Sources of Innovation,* Harvard Business School Press.（阿部孝太郎・田畑暁生訳『知識の源泉：イノベーションの構築と持続』ダイヤモンド社，2001）

Leonard-Barton, D. A. and J. Rayport (1997) "Spark Innovation through Empathic Design," *Harvard Business Review*, Nov.-Dec, pp.102-113.

Lester, R. and M. J. Piore (2004) *Innovation: The Missing Dimension*, Harvard University Press.（依田直也訳『イノベーション：「曖昧さ」との対話による企業革新』生産性出版，2006）

Lévi-Strauss, C. (1955) *Tristes tropiques*, Plon, Paris.（川田順造訳『悲しき熱帯（Ⅰ・Ⅱ）』中公クラシックス，2001）

Lévi-Strauss C. (1962) *La Pensee sauvage*, Adler's Foreign Books Inc.（大橋保夫訳『野生の思考』みずず書房，1976）

Long, F. (2009) "Real or Imaginary: The Effectiveness of Using Personas in Product Design," *Irish Ergonomics Review, Proceedings of the IES Conference 2009, Dublin.*

Lovins A. (1976-1977) "Energy Strategy: the road not taken?" *Foreign Affairs*, Vol.55, pp.55-65.

Malpass, M. (2017) *Critical Design in Context: History, Theory, and Practices*, Bloomsbury USA Academic.（水野大二郎・太田知也監訳，野見山桜訳『クリティカル・デザインとはなにか？　問いと物語を構築するためのデザイン理論入門』ビー・エヌ・エヌ新社，2019）

Martin, J. (1992) *Cultures in Organizations- Three Perspectives*, Oxford University Press.

増田明子（2018）「消費者の徹底的な観察から潜在的な課題を発見する」『宣伝会議』2018 年 12 月号，27-29 頁。

増村岳史（2018）『ビジネスの限界はアートで超えろ！』ディスカバー・トゥエンティワン。

松波晴人（2014）「行動観察をイノベーションにつなげる 5 つのステップ」『DIAMOND ハーバード・ビジネス・レビュー』2014 年 8 月号，56-70 頁。

McKim, R. (1972) *Experiences in Visual Thinking*, Cole Publishing Co.

Metz, C. (1977) *Le Signifiant Imaginaire, Psychanalyse et Cinéma*, Union générale d'Editions.（鹿島茂訳『映画と精神分析』白水社，2008）

Meyer, M. H. and E.B. Roberts (1986) "New Product Strategy in Small Technology-based Firms: a pilot study," *Management Science*, Vol.32, No.7, pp.806-821.

Micheli, P. S., J. S. Wilner, S. Bhatti, M. Mura and M. B. Beverland (2018) "Doing Design Thinking: Conceptual Review, Synthesis and Research Agenda," *Journal of Product Innovation Management* Vol.36, No.2, pp.124-148.

Michlewski, K. (2008) "Uncovering Design Attitude: Inside the Culture of Designers," *Organization Studies*, Vol.29, No.3, pp.373-392.

Michlewski, K. (2015) *Design Attitude*, Gower Publishing Limited, England.

Mintzberg, H. (1998) *Strategy Safari: A Guided Tour through the Wilds of Strategic Management*, Financial Times Prentice Hall, New York.（齋藤嘉則監訳，木村充・奥澤朋美・山口あきも訳『戦略サファリ：戦略マネジメント・ガイドブック』東洋経済新報社，1999）

宮澤正憲（2014）「デザイン思考でマーケティングは変わるか」『DIAMONDハーバード・ビジネス・レビュー』2014年8月号，72-85頁。

水越康介（2012）「理論＋リアルのマーケティング：その投稿は本当か嘘か？　新しい「発見」の方法」『週刊東洋経済』2012年12月22日号，104-105頁。

水越康介（2013）「理論＋リアルのマーケティング：「戌の日」は何の日？　イクメンとパパ消費」『週刊東洋経済』2013年8月24日号，112-113頁。

Moggridge, B. (2006) *Designing Interactions* 1/e, The MIT Press.

森永泰史（2010）『デザイン重視の製品開発マネジメント：製品開発とブランド構築のインタセクション』白桃書房。

森永泰史（2015）「デザインとマーケティング」『北海学園大学経営学会経営論集』第13巻第1号，41-83頁。

森永泰史・山下幹夫・河原林桂一郎（2013）「デザイナーを活用したデスバレー克服の可能性」『日本経営学会誌』第31号，63-74頁。

向井周太郎（2009）「プロダクト・セマンティクス」藤井三雄・田中一光・向井周太郎監修『現代デザイン事典』平凡社，21頁。

Mutlu, B. and A. Er (2003) "Design Innovation: Historical and Theoretical Perspectives on Product Innovation by Design," *A paper presented at the 5th European Academy of Design Conference held in Barcelona,* in April 2003, pp1-18.

長坂一郎（2015）『デザイン行為の意味を問う　クリストファー・アレクザンダーの思考の軌跡』彰国社。

中村仁美（2019）「デザイン思考の次　第15回　デザイン思考ならぬ「アート思考」とは？　マイクロソフトも推進」『日経XTREND』2019年10月3日（https://xtrend.nikkei.com/atcl/contents/18/00097/00019/）2020年2月9日閲覧。

西川英彦（2007）「共感デザインにおける観察情報：行為とデザインとの相互作用」『マーケティング・ジャーナル』第 27 巻第 2 号，18-28 頁。

西野正毅（1994）「"液晶ビューカム"はいかにして生まれたか」『デザインニュース』No.227，10-21 頁。

延岡建太郎・木村めぐみ（2016）「ビジネスケース　マツダ：マツダデザイン"CAR as ART"」『一橋ビジネスレビュー』第 63 巻第 4 号，130-148 頁。

Norman, D. A., and R. Verganti (2014) "Incremental and radical innovation: Design research vs. technology and meaning change," *Design Issues*, Vol.30, No.1, pp.78-96.

小川進（1997）「顧客との対話モードと新製品開発効果」『ビジネスレビュー』第 44 巻第 4 号，55-70 頁。

小川進（2006）「ユーザー起動法とブランド・コミュニティ：良品計画の事例」『組織科学』第 39 巻第 3 号，27-39 頁。

小川進（2010）「イノベーションの民主化」日本経済新聞社編『これからの経営学』日本経済新聞社，136-151 頁。

奥出直人（2007）『デザイン思考の道具箱』早川書房。

奥野忠秀・貞島次良（1994）「新規性から意味の造形へ：乾電池応用商品を生み出すデザイン方法論」『デザインニュース』No.228，18-29 頁。

大山繁樹（2020）「デザイン経営を実現するデザインシンカーを育成せよ」『日経 XTREND』2020 年 1 月 27 日（https://xtrend.nikkei.com/atcl/contents/18/00263/00001/）2020 年 5 月 9 日閲覧。

Papanek, V. (1972) *Design for the Real World*. Thames and Hudson.（阿部公正訳『生き延びるためのデザイン』晶文社，1974）

Papert, S. and I. Harel (1991) *Constructionism*, Ablex, Norwood, NJ.

Rieple, A. (2004) "Understanding Why Your New Design Ideas Get Blocked," *Design Management Review,* Vol.15, No.1, pp.36-42.

Rittel, H. and M. M. Webber (1973) "Dilemmas in a General Theory of Planning," *Policy Sciences*, Vol.4, No.2, pp.155-169.

Rogers, E. (1982) *Diffusion of Innovations*, Free Press.（青池慎一・宇野善康訳『イノベーション普及学』産能大学出版部，1990）

Rowe, P. (1987) *Design Thinking,* The MIT Press.（奥山健二訳『デザインの思考過程』鹿島出版会，1990）

Sarasvathy, S. (2008) *Effectuation: Elements of Entrepreneurial Expertise*, Edward Elgar Publishing, Massachusetts.（加護野忠男監訳，高瀬進・吉田満梨訳『エフェクチュエーション：市場創造の実効理論』碩学舎，2015）

佐々木康裕（2020）『感性思考』SB クリエイティブ。

佐宗邦威（2019）『直感と論理をつなぐ思考法』ダイヤモンド社。

Saussure, F. (1916) *Course in General Linguistics*, Fontana/Collins.（小林英夫訳『一般言語学講義』岩波書店，1972）

澤田美奈子（2015）「第 10 章　イノベーションとデザイン思考の行方」佐倉統

編『人と「機械」をつなぐデザイン』東京大学出版会，201-217 頁。

澤泉重一（2002）『偶然からモノを見つけ出す能力：「セレンディピティ」の活かし方』角川 one テーマ 21。

Schön, D. A. (1983) *The reflective practitioner: How professionals think in action,* Basic Books, Inc, New York.（柳沢昌一・三輪健二訳『省察的実践とは何か：プロフェッショナルの思考と行為』鳳書房，2007）

妹尾堅一郎（2012）「戦略思考の鍛え方：新ビジネス発想塾　第 29 回」『週刊東洋経済』2012 年 12 月 1 日号，106-107 頁。

Shane, S. (2000) "Prior knowledge and the discovery of entrepreneurial opportunities," *Organization science,* Vol.11, No.4, pp.448-469.

Shane, S. and S. Venkataraman (2000) "The promise of entrepreneurship as a field of research," *Academy of Management Review,* Vol.25, No.1, pp.217-226.

Simon, H. A. (1969) *The Sciences of The Artificial 1/e,* MIT Press.

Simon, H. A. (1984) "The Structure of Ill-Structured Problems," in N. Cross (Ed.), *Developments in Design Methodology,* John Wiley & Suns, pp.145-166.

諏訪正樹（2018）『身体が生み出すクリエイティブ』筑摩書房。

鈴木公明（2018）「「意味」のイノベーションと知的財産（1）」『特技懇』No.288，194-195 頁。

田子學・田子裕子（2019）『突き抜けるデザインマネジメント』日経 BP。

髙橋芳郎（2019）『アートに学ぶ 6 つの「ビジネス法則」』サンライズパブリッシング。

竹田陽子（2000）『プロダクト・リアライゼーション戦略：3 次元情報技術が製品開発組織に与える影響』白桃書房。

武石彰・青島矢一・軽部大（2012）『イノベーションの理由：資源動員の創造的正当化』有斐閣。

田浦俊春（2012）「デザインの社会的動機：技術成熟化社会における Pre-Design と Post-Design の役割」『デザイン学研究』第 20 巻第 1 号，8-11 頁。

寺田知太・杉山誠・西山恵太（2013）「顧客価値創造イノベーションを基軸に人・組織を変革する「方法論」：デザインシンキングの実践を通じて体感した可能性」『知的資産創造』2013 年 1 月号，18-29 頁。

照屋華子・岡田恵子（2001）『ロジカル・シンキング　論理的な思考と構成のスキル』東洋経済新報社。

Tonkinwise, C. (2011) "A Taste for Practices: Unrepressing Style in Design Thinking," *Design Studies,* Vol.32, No.6, pp.533-545.

土佐信道（2002）『明和電機　魚コードのできるまで』NTT 出版。

土佐信道（2004）『明和電機　ナンセンス＝マシーンズ』NTT 出版。

Tushman, M. L., and P. Anderson (1986) "Technological discontinuities and organizational environments," *Administrative Science Quarterly,* Vol.31, No.3, pp.439-465.

Utterback, J. M., B. Vedin, E. Alvarez, S. Ekman, B. Tether, S. W. Sanderson and R. Verganti (2006) *Design-inspired Innovation*, World Scientific Pub Co Inc. （サイコム・インターナショナル監訳『デザイン・インスパイアード・イノベーション』ファーストプレス，2008）

Van Maanen, J. and S. R. Barley (1984) "Occupational communities: culture and control in organizations," *Research in Organizational Behavior,* Vol.6, pp.287-365.

Verganti, R. (2006) "Innovating through Design," *Harvard Business Review*, Vol.84, No.12, December, pp.114-122.（マクドナルド京子訳「ミラノ式デザイン主導イノベーション」『DIAMOND ハーバード・ビジネス・レビュー』2007 年 8 月号，126-137 頁）

Verganti, R. (2009) *Design-Driven Innovation: Changing the Rules of Competition by Radically Innovating What Things Mean*, Harvard Business Review Press. （佐藤典司・岩谷昌樹・八重樫文・立命館大学経営学部 DML 訳『デザイン・ドリブン・イノベーション』同友館，2012）

Verganti, R. (2011) "Designing Breakthrough Products," *Harvard Business Review*, Vol.89, No.10, October, pp.114-120.（ハーバード・ビジネス・レビュー編集部訳「ひらめきは組織的に生み出せる」『DIAMOND ハーバード・ビジネス・レビュー』2012 年 8 月号，90-101 頁）

Verganti, R. (2017) *Overcrowded: Designing Meaningful Products in a World Awash with Ideas,* The MIT Press.（八重樫文・安西洋之・立命館大学経営学部 DML 訳『突破するデザイン』日経 BP，2017）

von Hippel, E. (2005) *Democratizing innovation*, MIT Press.（サイコム・インターナショナル訳『民主化するイノベーションの時代』ファーストプレス，2005）

von Hippel, E. and G. von Krogh (2016) "Crossroads-Identifying viable "need-solution pairs": Problem solving without problem formulation," *Organization Science,* Vol.27, No.1, pp.207-221.

von Hippel, E., S. Thomke and M. Sonnack (1999) "Creating Breakthroughs at 3M," *Harvard Business Review*, Vol.77, No.5, May, pp.47-57.

若宮和男（2019）『ハウ・トゥ・アート・シンキング』実業之日本社。

Walsh, V., R. Roy, M. Bruce and S. Potter (1992) *Winning by Design: Technology, Product Design and International Competitiveness*, Blackwell Publishers, Cambridge.

鷲田祐一編（2016）『未来洞察のための思考法』勁草書房。

鷲田祐一・三石祥子・堀井秀之（2009）「スキャニング手法を用いた社会技術問題シナリオ作成の試み」『社会技術研究論文集』第 6 巻，1-15 頁。

Whitaker, A. (2016) *Art Thinking: How to Carve Out Creative Space in a World of Schedules, Budgets, and Bosses*, Harper Collins, NY, USA.（不二淑子訳・電通京都ビジネスアクセラレーションセンター編『アートシンキング：未知

の領域が生まれるビジネス思考術』ハーパーコリンズ・ジャパン，2020）

Wrigley, C., E. Nusem and K. Straker (2020) "Implementing Design Thinking: Understanding Organizational Conditions," *California Management Review,* online.

米盛裕二（2007）『アブダクション：仮説と発見の論理』勁草書房。

吉田武夫（1996）『デザイン方法論の試み：初期デザイン方法を読む』東海大学出版会。

参考資料

『日本経済新聞』「イノベーション創出には MOT 活用」2009 年 12 月 9 日。

『日経ビジネス』「東芝　ゼネコンの下請け脱出へ　都市開発提案が着々成果」1991 年 4 月 8 日号，46-48 頁。

『日経ビジネス』「お母さんを狙え！　任天堂が Wii に託すお茶の間攻略」2006 年 11 月 27 日号，50-55 頁。

『日経ビジネス』「『ペルソナ』マーケティング　たった 1 人のために売る」2010 年 7 月 5 日号，86-89 頁。

『日経デザイン』「デザイン思考の次　アート視点を取り入れた価値創出を提案」2019 年 1 月号，46 頁。

『日経デザイン』「デザイン思考の次　ヤマハ　強いビジョンと情熱は，デザイン思考では学べない」2019 年 1 月号，52-54 頁。

『日経デザイン』「イノベーション創出プロセスの 9 割はシステム化できる」2020 年 5 月号，48-49 頁。

『日経エレクトロニクス』「開発ストーリー：液晶ビューカムの開発（第 1 回）」1998 年 2 月 9 日号，153-154 頁。

『日経エレクトロニクス』「開発ストーリー：液晶ビューカムの開発（第 3 回）」1998 年 3 月 9 日号，155-158 頁。

『日経エレクトロニクス』「開発ストーリー：液晶ビューカムの開発（第 4 回）」1998 年 3 月 23 日号，159-163 頁。

『日経エレクトロニクス』「思わず好きにさせる方法を iPhone と Wii に学ぶ」2007 年 9 月 24 日号，68-73 頁。

『日経ものづくり』「ヤマハ　電子楽器 TENORI-ON 楽器ありきではなく，音楽ありきを貫く」2008 年 9 月号，68-71 頁。

ウェブサイト

『美術手帖』「アーティストと開発者がともに考える，映像体験の新たな可能性」(https://bijutsutecho.com/magazine/insight/promotion/7028) 2018 年 9 月 30 日閲覧。

Danish Design Centre のホームページ「Design Attitude can transform businesses from within」(https://danskdesigncenter.dk/en/news/design-attitude-can-trans-form-businesses-within) 2020 年 3 月 2 日閲覧。

Design Council のホームページ (https://www.designcouncil.org.uk/news-opinion/designprocess-what-double-diamond) 2018 年 5 月 20 日閲覧。

『Design in Tech Report 2016』(https://designintech.report/2016/03/13/design-in-tech-report-2016/) 2020 年 2 月 27 日閲覧。

『デザイナーたちの証言』「第 4 回　すべてのものは変化のプロセスにある」(http://www.nak-osaka.jp/idap/special/special04.html) 2018 年 5 月 20 日閲覧。

『Enjoying Life with Art』「アート思考　ワークショップからアーティストとのコラボレーションへ」(https://eandk-associates.jp/2019/04/10/アート思考-ワークショップからアーティストと/) 2020 年 2 月 20 日閲覧。

畑紀行（2017）「不確実な未来の「偶発性」を"Rock"する（第 1 回～第 6 回）」『Biz/Zine』(https://bizzine.jp/article/detail/2446) 2020 年 2 月 15 日閲覧。

池田武央（2020）「共感による企業変革」『Biz/Zine』(https://bizzine.jp/article/detail/4092) 2020 年 2 月 15 日閲覧。

石橋秀二（2012）「『デザイン思考』の神秘と欺瞞」(http://zerobase.jp/blog/2012/03/design_thinking.html) 2013 年 9 月 21 日閲覧。

井上岳一（2004）『日本総研　企業文化としてのデザイン（1）』(https://www.jri.co.jp/column/kokoro/detail/3270/) 2013 年 9 月 25 日閲覧。

経済産業省のホームページ「高度デザイン人材育成ガイドライン」(https://www.meti.go.jp/shingikai/economy/kodo_design/pdf/20190329_02.pdf) 2020 年 4 月 30 日閲覧。

永田晃也（2015）「キーワードで理解するイノベーションマネジメント（3）リニアモデル」『QT　PRO モーニングビジネススクール Web 版』(http://qtpro-bs.jp/blog/2015/07/3-5.html) 2019 年 3 月 25 日閲覧。

『ニュースイッチ』「文字を読み上げるメガネ，あえて量産しないものづくりの思い」(https://news.goo.ne.jp/article/newswitch/business/newswitch-20560.html) 2020 年 5 月 4 日閲覧。

『日経コンピュータ Digital』「日立が R&D 組織を再編」(https://xtech.nikkei.com/it/atcl/news/15/022600710/) 2016 年 6 月 30 日閲覧。

牧田幸裕（2019）「ロジカルシンキングとデザインシンキングは，相反するものではない。問題解決プロセスの光の当て方の違いである」『note』(https://note.com/professor_makita/n/n493397b3f479) 2020 年 1 月 15 日閲覧。

パナソニック　インダストリアルソリューションズ社のホームページ「電池事業の歴史」(https://www.panasonic.com/jp/corporate/is/history/energy01.html) 2020 年 1 月 15 日閲覧。

スタンフォード大学 d.school のホームページ (http://dschool.stanford.edu/) 2018 年 1 月 10 日閲覧。

『The Wall Street Journal web 日本版』「B スクールはもう古い，時代は D スクール」(http://jp.wsj.com/layout/set/article/content/view/full/457371) 2017 年 6 月 8 日閲覧。

馬田隆明 (2017)「論理的思考，デザイン思考，そしてスタートアップ思考の時代へ」(https://medium.com/@tumada/startup-thinking-design-thinking-logical-thinking-36b82b69c1fd) 2020 年 3 月 24 日閲覧。

Verganti, R., C. Dell'Era and K. S. Swan (2019) "Design Thinking and Innovation Management: Matches, Mismatches and Future Avenues, Motivation for and objectives of special issue," *Journal of Product Innovation Management* (https://onlinelibrary.wiley.com/pb-assets/assets/15405885/JPIM Call for Papers - Design Thinking - May 2019-1558537439347.pdf) 2020 年 1 月 15 日閲覧。

『WIRED』「ダイソンの定理　破壊＋発想（実験＋冒険）＝ものづくり」(https://wired. jp/2012/05/07/dyson/) 2020 年 3 月 24 日閲覧。

ヤマハ株式会社のホームページ「ブランドと歴史」(https://www.yamaha.com/ja/about/history/) 2020 年 5 月 2 日閲覧。

事項索引

さ

た

な

は

ま

企業名・大学名・イベント名・製品名索引

人名索引

【著者紹介】

森永　泰史（もりなが・やすふみ）

1975 年　和歌山県に生まれる
1998 年　大阪市立大学商学部卒業
2004 年　神戸大学大学院経営学研究科博士課程修了。博士（経営学）。
　　　　　神戸大学大学院経営学研究科学術研究員
2005 年　北海学園大学経営学部専任講師
2008 年　北海学園大学経営学部准教授
2014 年　北海学園大学経営学部教授
2016 年　京都産業大学経営学部教授　現在に至る

＜主要業績＞
「デザイン（意匠）重視の製品開発：自動車企業の事例分析」『組織科学』
　第 39 巻第 1 号，95-109 頁，2005 年
『デザイン重視の製品開発マネジメント：製品開発とブランド構築のインタセクション』白桃書房，2010 年
「デザイナーを活用したデスバレー克服の可能性」『日本経営学会誌』第
　31 号，63-74 頁，2013 年（共著）
『経営学者が書いたデザインマネジメントの教科書』同文舘出版，2016 年
「意匠情報や特許情報を活用したデザインマネジメント研究の発展可能性」
　『日本知財学会誌』第 16 巻 2 号，64-79 頁，2019 年
"How Is Design Thinking Applied at R & D Stage in The Japanese
　Electronics Industry?"*Markets, Globalization & Development Review*
　(https://digitalcommons.uri.edu/mgdr/ にて 2020 年 1 月より公開)

2021 年 1 月 5 日　　初版発行　　　　　　　略称：デザインアート

デザイン，アート，イノベーション
―経営学から見たデザイン思考，デザイン・ドリブン・
イノベーション，アート思考，デザイン態度―

著　者　Ⓒ　森　永　泰　史
発行者　　　中　島　治　久

発行所　同 文 舘 出 版 株 式 会 社
東京都千代田区神田神保町 1-41　〒 101-0051
営業（03）3294-1801　　編集（03）3294-1803
振替 00100-8-42935　　http://www.dobunkan.co.jp

Printed in Japan 2021　　　　　　　DTP：マーリンクレイン
印刷・製本：萩原印刷
装丁：志岐デザイン事務所
ISBN978-4-495-39037-2

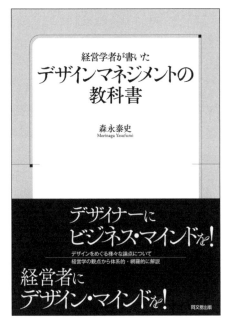